正念养育

做不焦虑不控制的父母

李纯

著

中国纺织出版社有限公司

内 容 提 要

养育是一件痛并快乐的事情，然而对于一些父母来说，痛苦的部分很多，而快乐总是难以寻觅。"如果你抑郁，说明你活在过去；如果你焦虑，说明你活在未来"，本书为父母提供了一种"活在当下"的正念养育方法，它帮助父母开启一段自我疗愈的旅程，重塑亲子关系，不仅助力孩子成长，也变成更好的自己。

本书通过条理清晰的建议和贴近现实的直观案例，为读者说明如何使用正念工具应对12种常见的育儿困境。此外，本书融合发展心理学的观点，针对不同年龄段儿童的自主性发展需求，提出正念养育的具体实践方法。希望父母通过阅读本书，减少与孩子的冲突，拥有更快乐的育儿旅程。

图书在版编目（CIP）数据

正念养育：做不焦虑不控制的父母 / 李纯著.
北京：中国纺织出版社有限公司, 2025.8. -- ISBN 978-7-5229-2779-4

Ⅰ.G78

中国国家版本馆CIP数据核字第2025RG7790号

责任编辑：郝珊珊　林启　　　　责任校对：高涵
责任印制：储志伟

中国纺织出版社有限公司出版发行
地址：北京市朝阳区百子湾东里A407号楼　邮政编码：100124
销售电话：010—67004422　传真：010—87155801
http://www.c-textilep.com
中国纺织出版社天猫旗舰店
官方微博http://weibo.com/2119887771
鸿博睿特（天津）印刷科技有限公司印刷　各地新华书店经销
2025年8月第1版第1次印刷
开本：710×1000　1/16　印张：14.5
字数：196千字　定价：62.80元

凡购本书，如有缺页、倒页、脱页，由本社图书营销中心调换

序 言

向着完美，也珍惜当下

成为父母，是一场人生中最深刻的修行。养育的旅程没有现成的答案，也没有唯一的方向。它像是一条未知的河流，时而平静温柔，时而波涛汹涌。在这段旅途中，我们不仅是孩子的引路人，也在陪伴中反思、学习，逐渐成为更有智慧和内在力量的自己。

在漫长的育儿日子里，或许我们曾因孩子的哭闹感到心烦意乱，因他们的固执感到无能为力，甚至因自己的情绪失控而陷入深深的自责。但养育的本质，从来都不是追求完美，而是用心相伴。我们需要的，不是毫无错处的答案，而是一颗饱含温柔、善于觉知的心，去拥抱每一个挑战，也珍惜每一个平凡的瞬间。

正念，是一种帮助我们回归当下的力量。它提醒我们放下对完美的执念，放下外界的标准和评判，真正地看到自己和孩子。正念养育不要求我们成为"完美"的父母，而是鼓励我们成为真实的父母，带着觉知面对生活的不完美，带着善意安抚自己的疲惫与不安。

谨以此书，献给每一位在育儿路上感到疲惫却依然努力的父母。愿正念成为我们心中的一盏灯，照亮那些我们以为平凡却无比珍贵的日子；愿我们在陪伴孩子成长的同时，也能温柔地拥抱那个不够完美却依然努力的自己。让正念养育中的爱与觉知，成为我们前行路上最强的力量。

目　录

第一章　理解正念养育　001
正念养育的核心是觉察与接纳　…　002
正念训练方法：MBSR 与 MBCT　…　013

第二章　正念对我们有何益处　021
正念塑造大脑功能　…　022
正念改善感知、记忆、注意力与情绪　…　026
正念维护心理健康　…　030

第三章　直面养育的困境　035
令人迷茫的"无条件的爱"　…　036
一厢情愿的"为你好"　…　040
无法全身心投入的亲子时光　…　043
情绪稳定的"枷锁"　…　047
家校间的焦虑传递　…　051
无处安放的"比较"焦虑　…　057
拿不准的养育方向　…　062
养育主导权之争　…　067
信息时代的育儿挑战　…　072
孤独的育儿之路　…　077

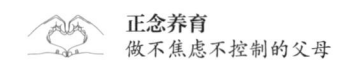

二孩带来的连锁压力 ··· 082
养育孩子也关爱自己 ··· 089

第四章　正念养育之自我疗愈　　095

形成正念的态度和信念 ··· 096
实践正念之疗愈时刻 ··· 100
实践正念之培养正念的生活方式 ··· 119

第五章　正念养育之重塑亲子关系　　131

打破"自动化养育"的循环 ··· 132
用初学者心态重新认识孩子 ··· 137
在育儿中关注自己的身体需求 ··· 143
从自动反应到有意识地回应 ··· 147
建立新的育儿模式 ··· 152
养育中的冲突 ··· 157
养育中的爱与界限 ··· 162
没有终点的正念养育之路 ··· 168

第六章　正念养育之助力孩子成长　　171

幼儿阶段的自主性培养 ··· 172
学龄前阶段的自主性培养 ··· 175
小学阶段的自主性培养 ··· 179
中学阶段的自主性培养 ··· 184
学龄前阶段的社交培养 ··· 189

小学阶段的社交培养 ⋯ 194
中学阶段的社交培养 ⋯ 200

第七章　正念的日常力量　　　207

正念表达 ⋯ 208
正念感恩 ⋯ 210
自我同情 ⋯ 213

结语　在正念中找到爱与平静　　　217

参考文献　　　219

第一章

理解正念养育

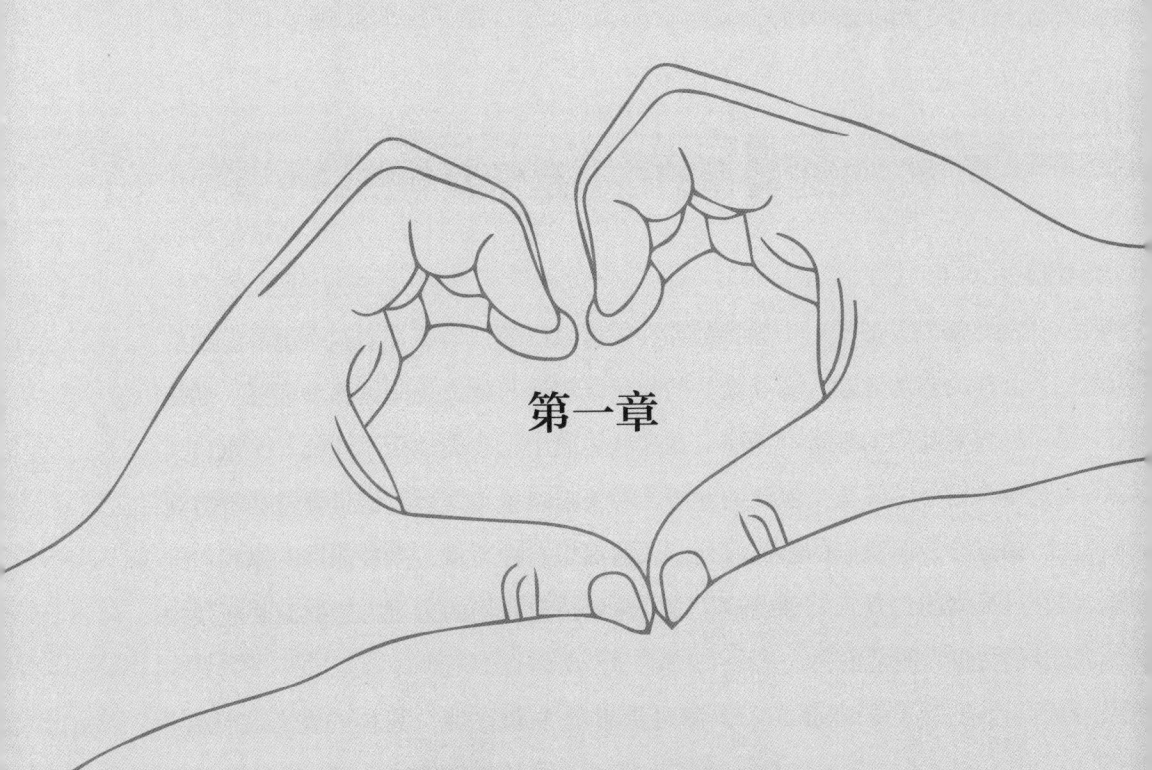

在育儿的旅途中，我们总渴望成为更好的自己，也希望为孩子织就一片充满爱与支持的天空。然而，生活的琐碎和忙碌，常常让我们迷失在焦虑与无助之中。

正念养育，像是一座通向心灵的桥梁，帮助我们放慢脚步，回到当下，去触碰那些被忽略的温暖与深情。

在这一章中，我们将从正念养育的起点出发，探索它的核心理念，了解它如何在全球视野中生根，又如何融入我们的文化土壤。从心出发，去体会正念养育的深意，感受它如何渗透进生活的点滴，为我们和孩子的生命注入温柔与力量。

正念养育的核心是觉察与接纳

每个人都是一个独特的存在，以自己的视角感知着这个世界。我们关注内心的波动，感受情绪的起伏，解读与他人之间的微妙联系，期待外界对我们的理解和回应。在这些体验中，我们经历了欢笑与泪水，失望与愤怒，甚至是深深的绝望。尽管唯物主义告诉我们世界遵循着客观的规律，但我们的心灵深处，依然渴望一种力量，一种能够支撑我们走过风雨的力量，一种能够从内心深处治愈我们的力量。这股温暖而强大的力量，便是正念。

正念（mindfulness），源自佛教的古老智慧，其核心在于"觉察"与"注意"。它不仅是一种技巧，也一种内在的觉醒。正念鼓励我们深入自己的内心世界，与自己的感受、思想和体验建立起直接而深刻的联系。

这个过程开始于对当下的觉察。我们可以去注意那些细微的、常常被忽视的瞬间——呼吸的节奏、脚步的触感、当下思绪的流转、情绪的起伏，仿佛在内心有意识地后退一步，用远观的视角更加清晰地看到自己的情绪和反应，而不是被它们所左右。

随着我们对这些感受的觉察越来越深刻，我们可以尝试用理解和同情的态度接纳它们。告诉自己，所有不舒服的感受也都是自己经历的一部分，都有其存在的意义。通过接纳，我们慢慢不再抗拒那些不舒服的感觉，而是允许它们存在，观察它们，然后让它们自然地流过。

接纳的过程使我们能够从情绪的旋涡中抽身，以一种更加平和的心态去面对生活中的挑战。我们开始意识到，尽管外界的事情可能不会立刻改变，但我们的反应和态度是可以自己决定的，我们不再是被动的接受者，而是能够主动作出选择的、有内在力量的人。

正念能帮助我们更好地应对生活中的挑战，发现内在的平和与喜悦，带来一种超越物质世界的深刻满足感，因为正念改变的正是我们与世界互动的方式。

正念是正心诚意

刚开始接触正念时，我们可能会有一些疑惑，比如："练习正念会不会让我们变得感情淡漠？它是不是在教我们逃避现实、回避痛苦？"

实际上，正念并非逃避现实的避风港，而是一种勇敢面对生活挑战的态度。它不会让我们变得冷漠，反而能够提升我们对内心世界的敏感度，让我们对自己的想法和情绪有更深刻的洞察。正念的实践不是回避痛苦，而是教会我们如何与痛苦共存，并在痛苦中寻找成长和转化的机会。

通过正念，我们将学会在生活的波涛中保持平衡，不被外界的风浪所左右。它使我们的感知变得更加细腻，情感体验变得更加丰富，让我们在面对困难时更加坚韧不拔。长期的正念练习能够增强我们对痛苦的承受能力，培养出对自己更深的宽容和慈悲。

正念不拘于形式

正念是否等同于冥想？这是许多人在初次接触这些概念时的常见疑问。也许我们在瑜伽课中听说过"正念冥想"，这可能让人误以为正念练习必须像传统冥想一样，要找一个安静舒适的地方，席地而坐，闭上眼

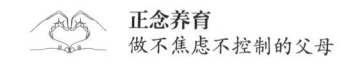

睛，聆听柔和的音乐才能进行。

的确，正念和冥想都要求我们有意识地集中注意力并保持专注。不同的是，冥想需要我们将注意力集中在一个特定的对象或呼吸上，当思绪飘走了，我们得想办法把它拉回来，它就像一束光，要照在某一处。而正念的范围则更加广泛，我们不需要将注意力集中在单一对象上，正念允许我们的心灵跟随体验中出现的任何事物，它更像是阳光，照亮我们所有不断变化的、流动的心灵体验。

在日常生活中，我们可以根据自己的需求灵活选择和实践，独立使用或将二者结合，都是很好的选择。单就正念来说，无论是在安静的冥想中，还是在忙碌的日常事务中，我们都可以通过它来提升自我意识和存在的感觉，不局限于特定的环境或时间、空间。

例如，当你接到一个紧急项目时，可以利用正念来管理突如其来的压力，我们只需暂停片刻，深呼吸几次，感受呼吸的节奏，觉察自己此时的情绪、想法、身体反应等，平和接纳，追随这个过程中的一切感知和变化，耐心地让自己的状态归于平静。又或者在焦急等车时，选择观察周围环境中的声音和景象，内观自己因时间紧迫而产生的焦虑，不加以控制，也不进行评判……这些简单的行为都是正念实践的一部分，它们能帮助我们在忙碌和压力之中主动寻求宁静、平和的状态。

同时，正念不仅是对体验的关注，它的核心力量在于其内在的自信、慈爱、宽容和平静。在人类的大脑中，这些积极的能量与焦虑、不安、仇恨、恐惧等负面情绪是不相容的。因此，通过主动地觉知和唤醒那些积极的能量，我们完成了对自己的救赎！

将正念引入养育

当我们将正念的核心——"全神贯注于当下,非评判性地体验"融入家庭与育儿时,就形成了一种全新的养育方式,这种方式被称为正念养育。它不仅是一套具体的育儿技巧,更是一种生活方式。这种方式帮助父母在陪伴孩子成长的过程中,获得情感的滋养和内在的成长。

正念养育的核心在于觉察与接纳。觉察是对自己和孩子的情绪、行为的敏锐观察,接纳则是无条件地接受这些情绪和行为的存在,而非急于评判或改变。通过这种方式,父母能够更加真实地与孩子建立联结,同时也能更深入地理解自己。

面对孩子成长过程中的挑战,例如考试失利、叛逆行为或者情绪波动,父母可能会感到焦虑、不安甚至愤怒。在这些时刻,正念养育强调父母先处理自己的情绪,通过深呼吸或短暂地暂停,将注意力拉回自己的内心。这种暂停不是逃避问题,而是为自己创造一个冷静、清晰的空间,从而以更理性、更关爱的态度去看待和回应孩子的问题。

例如,当孩子成绩不理想时,许多父母的第一反应可能是批评,将自己的焦虑转嫁到孩子身上。但正念养育鼓励父母先停下来,承认并觉察自己的情绪:"我现在很失望和焦虑,我的这些感受源于对孩子未来的担忧。"接着通过深呼吸,让自己逐渐冷静下来。在此基础上,再与孩子展开沟通,倾听他们的感受:"你对这次成绩有什么想法?是哪里遇到困难了吗?"这种开放、支持性的对话,不仅能帮助孩子更好地面对挫折,还能让他们感受到来自父母的理解与支持。

正念养育并不只限于处理困难的情境,它贯穿于生活的每一个细节。从孩子醒来的第一声问候,到睡前的亲子互动,父母都可以用正念的态度去陪伴孩子。吃饭时,可以与孩子一起感受食物的味道和温度;散步时，父母可以引导孩子观察周围的风景，感受自然的变化。这些看似平凡的日常互动，在正念养育中都成为帮助孩子觉察当下、培养内在力量的重要时刻。

与传统养育方式相比，正念养育的独特之处在于，它更注重情感的联结和相互理解。传统的育儿方法往往强调孩子的行为规范和对规则的服从，而正念养育则强调父母从孩子的视角出发，理解他们的感受和需求。这种转变使父母能够更敏锐地觉察孩子的情绪波动，以有同理心和耐心的方式去回应他们，而不是急于纠正或指责。

在实践中，正念养育可以通过五个维度来展开，这五个维度相互关联，共同构建了正念养育的框架。

（1）及时充分地倾听：倾听孩子时，不仅是听他们在说什么，更要留意他们的语气、表情和情绪。很多时候，孩子的话语背后隐藏着更深层次的需求。例如，当孩子抱怨"作业太多了"时，父母可以试着回应："你觉得作业太多，很有压力，是吗？"这种及时的倾听能帮助孩子感受到被关注和理解。

（2）非评判性接受：接纳不仅是对孩子的行为，也包括对自己的情绪。例如，当孩子在公众场合闹情绪时，父母可能会感到尴尬甚至愤怒。非评判性接受的关键在于承认这些情绪是自然的，不对其下意识地否定或压制。通过接纳自己的情绪，父母可以更从容地回应孩子，而不是被情绪所控制。

（3）情绪觉知：情绪觉知是父母和孩子之间的情感桥梁。通过觉察自己和孩子的情绪变化，父母能够更加敏锐地捕捉孩子的需求。例如，当孩子回家后闷闷不乐，父母可能首先觉察到他们的沉默，然后温和地询问："我感觉你好像有些不开心，想和我聊聊吗？"这种觉知不仅能让孩子感到被关怀，也能让他们更早学会调节自己的情绪。

（4）养育关系中的自我调控：在养育过程中，父母的自我调控至关重要。面对孩子的争吵或顶撞，父母需要学会在情绪升温时暂停反应，通过深呼吸或短暂地离开，让自己冷静下来。只有当父母能够控制自己的情绪，孩子才能从父母的行为中学习如何处理冲突。

（5）对自我及孩子的同情：同情是一种深层的理解，是对人性复杂性的接纳。父母对孩子表现出同情，可以帮助孩子感受到无条件的爱与支持。例如，当孩子因为小事哭泣时，父母可以试着安慰："我知道这对你来说很重要，我们一起想办法解决好吗？"这种同情不仅能让孩子感到安全，还能帮助他们逐渐培养同理心。

正念养育不仅是一种养育孩子的方式，也是一场自我的修行。通过这些核心维度的实践，父母能够更加深入地理解自己与孩子之间的互动，从而建立一种更加平等、和谐的关系。

这种养育方式并不要求父母是完美的。相反，它鼓励父母接受自己的不完美，并以此为契机，与孩子共同成长。正念养育是一个持续的学习过程，在这个过程中，父母不仅能更好地支持孩子的成长，还能发现更加智慧、平和的自己。

每一个家庭都可以通过正念养育，变成一个充满爱与理解的港湾。孩子在这样的家庭中成长，不仅能够学会面对生活中的挑战，也能从父母的陪伴中汲取无尽的安全感和力量。这正是正念养育的真正意义所在。

正念养育如何起作用

看到这里，我们可能还无法将自己的育儿生活和正念养育的作用联系起来，甚至会产生怀疑，觉得"及时充分地倾听""非评判性接受"等看似美好的理念，不仅没有缓解自己的养育压力，反而增加了额外的负担。在这一阶段，产生这种感受非常正常。

让我们回想一下自己的育儿经历：是否因为养育孩子而分身乏术、疲惫不堪？是否因为负面情绪越来越重，一度失控后又懊悔不已？正念养育真的能帮助我们处理这些棘手的困境吗？

正念养育能帮助我们平衡自身需求和育儿需求

人类学家认为，没有哪个物种会像人类一样，在养育孩子上投入如此多的时间和资源。如果您和孩子一起阅读过《昆虫记》或其他动物科普书籍，一定会对长颈鹿、大象、角马等动物的幼崽出生后几小时就能站立行走，甚至跟着觅食的场景印象深刻，就连与我们亲缘关系十分接近的黑猩猩，也通常只照顾幼崽4~7年的时间。

相比之下，人类对孩子的养育似乎没有尽头。在孩子成年之前，我们倾尽全力为他们提供更好的资源；孩子成年后，我们自然而然地继续支付学费、生活费，甚至娱乐的费用；等孩子大学毕业开始工作，我们又接着资助他们买房、买车，甚至操办婚礼；等孙辈出生了，中国的父母往往还会承担起隔代养育的重任……

在这个过程中，父母自己的需求始终被放在次要的位置。我们清楚地知道，要在满足自身需求和孩子所需的巨大资源之间找到平衡，是一件多么困难的事！或许您也有类似的经历：尽管养育的负担如此沉重，我们却很少反思问题的根源，反而害怕自己做得不够好，甚至常常自责，这种现象在母亲身上尤为普遍。

现代社会中，女性所面对的成为母亲的挑战前所未有的巨大。社会学学者莎伦·海斯提出了"密集母职"的概念，用来描述一种在社会上越来越普遍的观念：好妈妈首先是照顾者，需要投入大量的时间、金钱、精力、情感和劳动来抚养孩子。我们经常看到这样的"超级妈妈"：她们事事亲力亲为，无所不能，甚至成为家庭中的全能英雄。

但事实上，这种形象与人类进化中母亲的角色相去甚远。在人类漫长的进化历史中，养育孩子从来都不是母亲一个人的责任。群居生活是人类的生存常态，孩子的成长依赖整个家庭乃至社区的共同照料。母亲会喂养和照顾孩子，但同时孩子也会得到父亲、祖父母、兄弟姐妹，甚至社区其他成员的支持。进化生态学的研究告诉我们，母亲在育儿过程中会本能地期待和寻求来自他人的帮助，而这种支持——无论是物质上的还是情感上的——对母亲的育儿投入程度至关重要。

与我们的祖先相比，当代母亲的支持系统更少，而承受的压力更大。社会大环境不仅没有为母亲们提供更多的帮助，反而要求她们承担更多的责任。如果不能面面俱到，母亲们甚至被视为软弱无能。显然，这是一种违背人类天性的、非自然的状态。

一个小例子或许能让我们更加直观地感受到这种现状。在写这本书之前，我发起过一项调研，征集当代父母面临的真实养育困境。虽然问卷并未限定谁来填写，但毫无意外，绝大多数填写者是母亲（图1-1）。她们写下了数百条正在经历的困境，从日常的琐碎到内心的挣扎，字里行间充满了疲惫与无奈。

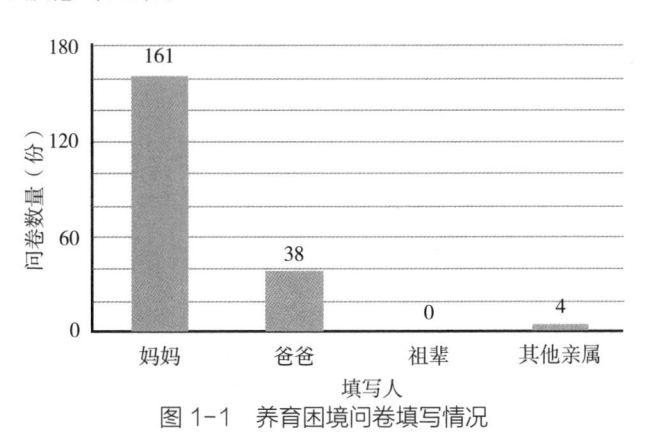

图 1-1　养育困境问卷填写情况

在正念养育中，社会支持是一个非常重要的主题。它提醒我们，压力、疲倦、焦虑、沮丧或矛盾并不是病态，而是一种信号，提示养育者要更多地关注自己的处境和需求。正念养育鼓励养育者问自己："我现在需要什么？什么样的支持能帮助我？"而不是一味地责备自己："我怎么了？为什么我做不好？"通过觉察自己的情绪和需求，我们不仅能更好地应对养育中的挑战，也能逐渐找到养育与自我照顾的平衡。

正念养育能减少负面的自动化养育行为

在现代家庭中，压力可以说是无处不在，它就像一根看不见的绳子，把我们的情绪和反应牵制得紧紧的。当我们感到压力大时，往往会对孩子的需求不够敏感，甚至会控制不住自己的情绪。比如，孩子写作业时磨蹭，可能只是想拖延一会儿，但我们因为压力大，可能一瞬间就失去耐心，劈头盖脸地训斥："你就不能快点吗？！"或者，孩子成绩下滑，我们可能会反复唠叨："你这样下去，怎么考大学？"这些反应其实都源于我们内心的过度紧张。

为什么我们会这样呢？这跟我们的大脑运作模式有关。当压力来袭，我们的大脑会自动进入"生存模式"。这个模式来自进化的本能，是为了应对危险而生的。比如，当孩子突然冲向马路时，我们会本能地拉住他们，这种快速反应是保护生命的必要机制。然而，在日常育儿中，这种"自动化"反应却往往让我们失控。更重要的是，这类反应的速度极快，几乎在我们意识到之前就已经发生了。

这也解释了为什么很多父母会说："我知道不该发火，道理我都懂，但当下就是做不到！"因为在压力的驱使下，我们的大脑会优先走那些"老路"，即习惯性的负面反应。这些反应是大脑最熟悉、最快捷的路径，却不一定是有效的或合理的。

更深层的问题还在于，我们自己的童年经历常常会悄悄"跑出来"，加剧这种自动化反应的强度。比如，小时候父母总是批评我们不够好，长大后，我们可能也会对孩子表现得过于挑剔。或者，小时候被忽视的经历，可能让我们在育儿中变得过度保护，生怕孩子受到一点儿伤害。这些反应就像"刻在脑海里的习惯"，在压力大的时候特别容易不自觉地表现出来。

与此同时，压力对夫妻关系的影响也不容忽视。试想一下，当一整天的忙碌已经让你疲惫不堪，孩子又在闹腾，伴侣这时说了一句："我加班太累了，你多管管孩子。"听到这样的话，我们很可能忍不住想反驳："我不累吗？你就只知道说风凉话！"如果缺乏有效沟通，这种对立情绪可能让彼此越走越远。更糟糕的是，这种紧张关系还会蔓延到孩子身上。我们可能会对孩子更加急躁，甚至有时无意识地依赖孩子，希望从他们身上得到情感安慰，无形中剥夺孩子应有的成长空间。

那我们应该怎么办呢？答案并不在于"压抑自己"或者"逼自己改变"，而在于为自己创造一个"暂停的空间"。正念养育就提供了这样一种方法，帮助我们从那些自动化反应中跳脱出来。

比如，作为父母，我们的日常里总少不了这样的时刻——孩子磨磨蹭蹭不好好写作业，我们心里本来压着的火瞬间被点燃了。如果这个时候立刻训斥孩子，往往只会让冲突升级，我们可以试着深吸一口气，告诉自己："我现在很烦躁，已经快要忍不住了，我得先停一下。"然后平静地对孩子说："妈妈知道你不想写作业，你有什么困难，我们一起来想个办法？"哪怕短短几秒的暂停，也能帮我们从冲动的情绪中脱身，为更平静有效的沟通腾出空间。

当然，现实并没有这么理想。有时候，停了5秒钟，我们还是会忍不住发火。没关系，相比"无缝衔接式"的爆发，这短短的5秒钟，已经帮我们在事情和自己的下意识反应之间拉开了一点距离。下一次，我们可以试着停 10 秒，甚至 20 秒……每一次尝试，都是在为自己争取更多的反应时间和更大的反应空间，这便是正念的力量！

通过一次次的"暂停"，我们艰难地在旧的负面反应模式和新模式之间开辟出了宝贵的空间和时间。这个过程不是一蹴而就的，需要我们反复练习。渐渐地，我们会发现自己的反应正在改变，那些熟悉的"旧模式"，比如冲动地发火、责怪、焦虑，正在慢慢退场，而更有效的"新模式"逐渐登场。

从大脑的角度来理解，当我们给了自己更多时间和空间，前额叶皮层——负责理性思考、分析和规划的脑区会更好地发挥作用。比如，面对孩子成绩退步的情境，我们会停下来问自己："孩子最近是不是遇到了什么困难？他需要我的帮助吗？"而不是直接脱口而出："你怎么这么不用心！"这样的停顿和思考，不仅让我们自己更从容，也能让孩子感受到理解和支持。

不仅如此，通过正念练习，我们还能逐渐识别并打破那些来自童年的"自动反应"。当我们意识到这些反应可能并不适合当下的情况，才能更有意识地调整自己的做法。比如，小时候我们可能因为犯错被父母责骂，但现在，当孩子犯错时，我们可以选择用支持和引导的方式，告诉他们："每个人都会犯错，重要的是从中学习。"

正念养育并不要求我们成为完美的父母，而是鼓励我们接纳自己的不完美，帮助我们在每一次情绪波动中，找到重新开始的机会。即使很多时候还是忍不住发了火，也不要责怪自己，育儿本来就充满挑战。每一次尝试停下来，哪怕只有几秒，也是一种进步。想想看，当我们不再只是条件反射般地责备孩子，而是用更平静的方式去回应，会发生什么呢？孩子或许会不再那么抗拒沟通，而我们也会渐渐发现，自己的耐心原来比想象中更多。

正念训练方法：MBSR 与 MBCT

近年来，正念训练在心理健康领域的应用越来越受到关注，尤其是"正念减压疗程"（Mindfulness-Based Stress Reduction, MBSR）和"正念认知疗法"（Mindfulness-Based Cognitive Therapy, MBCT）。这两种方法的核心思想是通过专注当下、接纳自我，帮助我们缓解压力、改善情绪，并提升身心健康水平。通过正念练习，我们可以更好地管理焦虑、抑郁、疼痛等问题，让生活变得更加平和、有意义。

正念减压疗程

MBSR 是由乔恩·卡巴金在 1979 年创立的。起初，这个疗程是为了帮助慢性病患者减轻压力和痛苦。卡巴金博士在马萨诸塞大学医学中心工作时，开发出了这个疗程。它的目标并不是替代常规的医疗手段，而是教导人们通过自己的身心力量来减轻压力、减缓痛苦、提高整体健康水平（Baer, 2003）。

MBSR 尤其适合那些长期承受身体或心理压力的人群，如慢性疼痛患者、抑郁症患者、焦虑症患者、失眠患者，甚至癌症或心脏病患者。在正念减压疗程的学习中，学员们会参与一系列的正念练习，帮助他们从不同的角度看待身心感受。这里的关键不是去改变或控制这些感受，而是学会观察和接受它们，学会与自己的身体、情绪和平相处。

MBSR 课程包含了几个重要的核心理念：

（1）不评判：我们在经历痛苦或情绪波动时，不要急于评判它是好是坏。我们只是去观察这些感受，接纳它们的存在，而不是抵触它们。

（2）保持耐心：正念练习讲究的是与自己的情绪和身体状况和平共处，学会耐心地接受现状，理解身心的调节是一个长期的过程。

（3）初学者之心：每次练习时，都要用一种新奇、好奇的心态来看待当下的每一刻。把每次练习当作一次全新的体验，保持一颗初心。

（4）信任自己：相信自己有能力应对生活中的压力、情绪波动，不需要依赖外部的力量来解决问题。

（5）不强求：不要急于追求疗效，真正的疗愈往往发生在你专注于当下的每一刻时，而不是强迫自己去改变什么。

（6）接受：接受自己当前的状态，无论它是好还是坏。接受并不是放弃，而是对自己的一种包容与理解。

（7）放下执念：正念的核心是放下对过去或未来的执念，专注于当下，观察并接纳每一个身心现象。

MBSR虽然源于佛教的冥想传统，但它在西方的发展过程中，已经去除了宗教色彩。课程本身并不涉及任何宗教仪式，所有的练习都是基于现代医学研究和临床经验的，因此更容易被非宗教背景的人群接受。这种"去宗教化"的做法，也帮助正念减压疗程广泛应用到不同文化、不同信仰的人群中。

目前，MBSR已经成为西方医疗体系中最受欢迎的减压方法之一。美国、加拿大和英国等国的240多家医院和医疗机构开设了相关课程，帮助慢性疾病患者减轻痛苦，同时也为医护人员和医学生提供了专业的正念训练。马萨诸塞大学医学中心还成立了"正念中心"，每年举办学术会议，推动正念疗法的研究与应用，将其推广到医学、教育、心理治疗等领域。

正念认知疗法

MBCT 是 MBSR 的基础上发展出来的，它结合了传统认知疗法和正念训练的核心思想（Coelho et al., 2013）。传统认知疗法的一个重要目标是帮助患者识别和改变负面思维模式，而 MBCT 则强调与负面思维的关系不是对抗或改变，而是观察和接纳。这种方法的关键在于"去中心化"，即不让那些负面情绪和思维主宰你的生活，而是学会从旁观察它们，把它们看作是暂时的现象，而不是自己的一部分。

举个简单的例子，当你感到焦虑时，MBCT 不会教你如何消除焦虑，而是帮助你以一种温和、好奇的心态来观察这些焦虑感受。这种方法可以帮助你与自己的思维和情绪保持距离，减少它们对生活的干扰。

MBCT 对许多心理问题具有显著效果，尤其是在缓解焦虑、抑郁和社交恐惧等方面。英国国家卫生服务体系甚至将 MBCT 纳入治疗抑郁症的推荐方案，特别是在预防抑郁症复发上。正念练习不仅能够帮助患者减轻情绪困扰，还能提升他们的自我调节能力。

正念养育干预

正念训练的好处不仅体现在心理健康方面，越来越多的研究发现，正念还能改善亲子关系和家庭互动。近年来，越来越多的父母开始关注正念养育课程。这类课程不仅能帮助父母更好地调节情绪，还能提高父母与孩子的互动质量，让家庭变得更加和谐。研究表明，正念养育的核心在于帮助父母更敏锐地觉察自己的情绪变化，并了解孩子的需求。通过这种方式，亲子能够建立更加融洽、亲密和相互支持的关系。

不过，目前市面上的正念养育课程种类繁多，不同课程针对的群体和最终效果也有所不同。大致来说，现有的课程可以分为两类：

（1）直接移植型课程：顾名思义，就是将经典的正念干预方法（如MBSR或MBCT）直接应用到育儿过程中。这些课程通过冥想、呼吸练习等方式，帮助父母缓解育儿压力，使他们在面对孩子时能够更平和、更冷静。

（2）整合创新型课程：在传统家庭教育项目中巧妙地融入正念理念，课程不仅关注父母的情绪管理，还特别强调正念理念如何体现在与孩子的日常互动中。与传统正念课程相比，它更加贴合家庭生活的实际需求。

接下来要介绍的两种课程都属于整合创新型课程，它们在传统家庭教育项目的基础上融入了正念理念，特别强调将正念应用到父母与孩子的日常互动中。两种课程各具特色，并且课程效果已经被许多实证研究验证。

正念促进家庭强化课程

正念促进家庭强化课程（Mindfulness-Enhanced Strengthening Families Program, MSFP）是在传统家庭强化课程的基础上进行创新和升级的项目（Duncan et al., 2009）。原版课程侧重提升家庭成员之间的沟通与互动能力，而这个改进版则特别加入了正念训练，帮助父母和孩子在互动中更好地觉察情绪、管理压力、平和回应，从而增强家庭的整体和谐。

课程共持续七周，每周一次，每次两小时，采用"分组学习+亲子互动"的模式。课程内容包括：

（1）正念技巧学习：父母学习专注倾听、觉察情绪、不评判接纳等正念核心技能，用更平和、开放的方式面对孩子的需求和情绪。

（2）互动训练：通过角色扮演、模拟对话和正念小游戏，让父母在亲子冲突中学会冷静应对、化解问题。

（3）情境化练习：提供真实生活中的案例，比如"孩子不愿做作业"

或"兄弟姐妹吵架",让父母在模拟情景中运用正念理念,找到更有效的沟通方式。

为了让正念理念更自然地融入家庭日常生活,课程还特别设计了实用的小工具和后续支持。

(1)贴近生活的辅助工具:父母会收到标有"停下来""冷静""关注当下"标语的冰箱贴,随时提醒自己在忙碌中记得暂停,觉察当下的情绪状态。

(2)移动端支持:课后,父母可以使用专属 APP,进行正念冥想练习和完成亲子互动任务,通过日常打卡的方式巩固所学内容。

这项正念课程能够显著提升父母的情绪调节能力和家庭和谐感。许多参与者反映,他们在亲子沟通中变得更加冷静和耐心,更能够应对孩子的情绪和行为。但课程也面临一些挑战,例如家庭成员的参与积极性和投入程度可能会直接影响课程效果。

正念养育课程

正念养育课程(Mindful Parenting Program, MPP)是一门专为父母设计的正念干预课程,旨在帮助父母更好地管理情绪、改善养育方式,并提升亲子关系(Bögels et al., 2014)。与一般的家庭课程不同,这门课程不需要孩子参与,而是专注于父母自身的觉察与成长,帮助父母在育儿过程中更理智、平和地回应孩子的行为。

MPP 课程为期八周,每周一次,每次三小时,由专业导师全程带领。课程通过系统化的正念练习,帮助父母逐步将正念理念融入日常养育实践。每一周围绕一个特定主题展开,内容从基础到深入,逐步加深父母对正念与养育的理解与应用。课程内容包括:

(1)正念技巧练习:父母将学习一系列经典的正念练习,如身体扫描、静坐冥想和正念行走,这些练习有助于缓解压力,并提高对自己情绪和身体反应的敏感度。

（2）情绪管理技巧：课程帮助父母识别情绪触发点，并通过反思和讨论，理解情绪背后的原因。父母学会以更温和、更包容的方式处理孩子的行为，尤其是在面对孩子的"不听话"或情绪失控时。

（3）养育方式反思：父母需要记录和反思自己在日常养育中的行为，特别是那些自动反应，如批评或指责，帮助父母意识到这些习惯性反应，并学习用正念的态度进行调整。

（4）同理心与慈悲：课程强调父母培养对自己和孩子的同理心，以便在应对孩子行为时保持耐心与理解，避免过于急躁或反应过度。

MPP课程适合所有希望改善养育方式的父母，尤其是那些在育儿过程中感到压力过大、情绪难以管理，或者亲子关系中存在冲突的父母。无论是育有青春期孩子，还是需要特别关注的孩子，正念养育都能帮助父母提升情绪管理能力，改善亲子关系。研究表明，参与MPP课程的父母能够显著提高情绪调节能力，减少育儿中的压力和冲突，并显著改善亲子关系。许多父母反馈，他们变得更加冷静、耐心，能够更好地应对孩子的情绪波动。

尽管课程为期八周，但其效果能够维持较长时间，父母在课程结束后能将学到的正念技巧融入日常生活，帮助自己在面对孩子的行为时保持理智和平和。这种改变通常能延续下去，并带来长期的亲子关系改善。通过正念练习，父母不仅能更好地管理自己的情绪，还能以更加耐心和有同理心的态度与孩子互动，从而建立更加和谐的家庭氛围。

正念养育在中国的实践

目前，正念养育在中国处于初步发展阶段。许多家长对这一概念还比较陌生，实际应用也刚刚起步。不过，随着社会对心理健康的关注度不断提高，正念疗法在中国的应用前景十分广阔。特别是在家庭教育和育儿领域，正念养育作为一种新兴养育方式，能够帮助父母更好地管理情绪，改善亲子关系。随着需求的不断增加，正念养育的推广有望带来更广泛的影响。

心理健康领域的应用

随着人们对心理健康的重视程度不断提升，越来越多的心理治疗机构开始引入正念训练，以帮助人们缓解压力、焦虑和抑郁等问题。在北京、上海等大城市，许多心理健康中心、医院和心理咨询机构已经开设了正念减压课程，如 MBSR 课程。这些课程通过冥想和自我觉察练习，帮助长期受身心问题困扰的患者减轻痛苦、改善情绪，效果显著，逐渐得到了患者和专业人士的认可。

教育领域的推广

在教育领域，正念的应用也在逐渐增加。面对学生日益增长的学业压力，许多学校开始尝试在课堂中引入正念练习，帮助学生减轻压力、管理情绪，并提升注意力和学习效率。一些学校甚至开设了专门的正念课程，通过冥想练习帮助学生学会调节情绪和提升专注力。这种教育方式不仅有助于改善学生的心理健康，也为提高他们的学业表现提供了有力支持。

数字化平台的兴起

除了线下的课程和培训，许多数字化平台也为人们提供了便捷的正念练习渠道。例如，国内的应用如"潮汐"（Tide）和"每日冥想"提供了丰富的冥想和正念训练资源，帮助用户在日常生活中进行正念练习，管理情绪和压力。同时，国际知名的正念平台如 Calm 和 Headspace 也逐渐在中国流行起来，为更多人提供了进行冥想和放松练习的机会。这些平台的兴起，进一步推动了正念在中国的普及和推广。

随着正念在心理健康、教育和日常生活中的应用不断深化，其在中国的影响力有望进一步扩大。特别是当正念与中国传统文化中的冥想、静修等理念相结合后，不仅能够满足现代社会对心理健康的迫切需求，还能为家庭关系的改善和个人成长提供新的路径，为更多人带来身心平衡与幸福感。

第二章

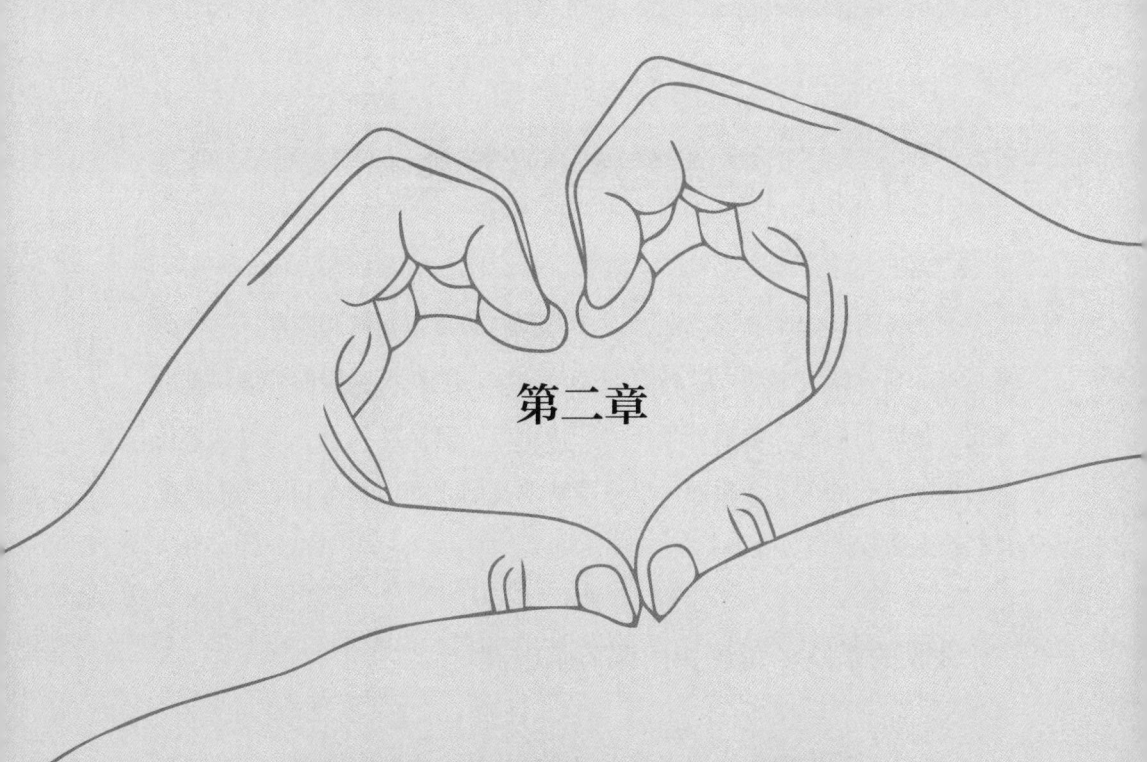

正念对我们有何益处

> 在正念的探索中，我们常常会好奇：它究竟如何影响我们的身心？正念不仅是一种简单的练习，更是帮助我们回归内在、连接自我与世界的力量。它能够让我们在日常生活中找到更多的平静与清晰，在忙碌与困惑中感受到爱与温暖。
>
> 这一章将通过科学研究的视角，带我们揭开正念背后的秘密。它如何塑造我们的大脑，如何改善感知与情绪，如何让亲密关系更加温暖，如何守护我们的心理健康——这些发现将帮助我们更深刻地感受正念在生活中的意义与力量。

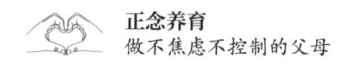

正念塑造大脑功能

正念练习听起来高深莫测，似乎与我们的日常生活相距甚远。但越来越多的科学研究表明，这种看似简单的练习能在大脑层面带来深刻的变化，帮助我们更高效地处理压力、情绪以及复杂的信息。通过理解正念与大脑之间的关系，我们可以更清晰地看到它如何在不知不觉中改变我们的生活方式。

大脑的乐队：正念如何调节脑电波

我们可以把大脑比作一支精密的管弦乐队，而脑电波则是乐队演奏的不同旋律。α波、θ波、γ波各有其独特的"曲风"，在不同的场景下主导大脑的运作。而正念，就像一位训练有素的指挥家，帮助这些旋律协调一致，使我们的大脑既能在放松时舒缓自如，又能在需要集中注意力时高效运作。

α波：让大脑放松的背景音乐

当你坐在沙发上，伴着轻柔的音乐，或者静静看着夕阳发呆时，大脑中活跃的便是α波。这种波段的频率为8到13赫兹，就像舒缓的背景音乐，让我们在身心疲惫时感受到片刻的平静。

正念练习可以增强前额叶皮层的α波活动，这能帮助我们在焦虑的情绪中找到一丝松弛，就像在喧闹的城市中听到一段悠扬的旋律。更有趣的是，研究发现，α波的增强还会激活大脑左半球，而左半球通常与积极情绪相关。这也许就是为什么长期练习正念的人，更容易保持内心的愉悦和平静。

θ 波：激发灵感的创意工坊

你是否经历过这样的瞬间：洗澡时突然想到了一个绝妙的点子，或者快要入睡时脑海中冒出一个难题的答案。这些时刻，大脑中的 θ 波正在悄悄发力。θ 波的频率为 4 到 8 赫兹，通常出现在深度放松、冥想或半梦半醒的状态下。

正念练习会促使大脑产生更多的 θ 波，就像打开了一个"创意工坊"，让灵感和想法源源不断地涌现。这也是为什么练习正念后，我们可能会觉得思路更加清晰，处理复杂问题时能更快找到解决方法。

γ 波：让大脑高效运作的超级计算机

γ 波是脑电波中频率最高的一种，超过 35 赫兹。我们可以把它想象成大脑的"超级计算机"，专门负责整合复杂的信息，并帮助我们在瞬息万变的情境中快速做出决策。研究发现，正念练习能够显著增强 γ 波的活动，换句话说，我们在面对复杂任务时，大脑可以更加高效地处理问题。

比如，当我们需要同时完成多项任务时，正念练习能够提升信息处理能力，让我们从"脑袋不够用"的混乱中解脱出来。这就好比给一台老旧的电脑升级了硬件，正念让大脑的运行速度更快、效率更高，面对复杂任务时也能游刃有余。

大脑的邮局：正念如何优化信息处理

大脑就像是一家繁忙的邮局，负责分拣、分类和传递无数的信息。每天，大脑会接收大量的信号，需要快速识别哪些是重要的，哪些可以忽略。正念练习就像是为这家邮局引入了一套高效的管理系统，帮助我们学会专注于关键信息，而不被琐碎的干扰消耗过多的精力。

减少干扰：处理分心信号的能力

科学家通过事件相关电位研究发现，正念练习能够显著减少分心刺激对大脑的影响。例如，Cahn 和 Polich（2009）在一项听觉实验中发现，正念练习者对无关刺激的反应强度明显降低。这意味着，正念练习为大脑邮局装上了一个垃圾邮件过滤器，使人只专注于处理重要的"邮件"，无视那些"垃圾邮件"的干扰。

提升专注：减少"注意力瞬脱"现象

"注意力瞬脱"是一种在短时间内难以快速切换注意力的现象。当我们在快速连续地处理多个信息时，如果两个信息在很短的时间间隔内依次出现，我们就容易"错过"第二个信息，仿佛注意力在瞬间脱轨了。

Slagter 等人（2007）的研究显示，经过三个月的正念训练后，练习者能够更快速地处理连续出现的重要信息，就像邮局的员工在高峰时段依然能高效分拣邮件。对于我们来说，这种能力能够帮助我们在日常生活中减少遗漏和延误。

大脑的健身房：正念如何改变大脑结构

近年来，磁共振成像技术为我们揭示了正念如何改变大脑的结构。通过练习正念，大脑中一些关键区域的功能会变得更加强大，就像经过锻炼的肌肉更加结实有力。

强化情绪调节的能力

前额叶皮层（特别是背外侧前额叶皮层）和扣带回（特别是前扣带回）是情绪调节的重要区域（Lazar et al., 2000），就像大脑中的"冷静开关"。正念练习能够增强这些区域的活动，让我们在面对压力或情绪波动时，更冷静、更理性。这就像乐队的指挥家，能迅速调整不同乐手的演奏节奏，使乐曲恢复和谐。

提升记忆力与学习能力

海马和颞叶（特别是海马旁回和颞下回）与记忆和学习密切相关，而正念练习能让这些区域的灰质密度增加（Hölzel et al., 2011），就像优化了邮局的"档案室"，让记忆的存储和提取更加高效。这不仅帮助我们在生活中更快记住新知识，还能提升我们应对复杂任务的能力。

调节压力：让大脑更具韧性

杏仁核是大脑中负责情绪反应的区域，尤其在压力大的时候，它的活跃程度直接影响我们的反应强度（Goldin & Gross, 2010）。正念练习能够降低杏仁核的灰质密度，让我们在压力面前不轻易失控，而是更平和地面对挑战。

正念：大脑的私人教练

正念练习就像是大脑的"私人教练"，它帮助我们的大脑更高效、更灵活地运作，同时增强结构上的韧性。通过正念，我们的大脑能够更好地适应各种复杂环境，减少分心，提升专注力，并在情绪调节和决策中更加从容（汪芬，黄宇霞，2011）。

这种大脑层面的改变不会一蹴而就，但通过持续练习，我们会发现自己的生活逐渐发生改变：面对压力时不再轻易被情绪左右，处理问题时能够更加冷静和高效。正念不仅是一种练习，更是一种让生活更加智慧和从容的力量。

正念通过调节脑电波、优化信息处理和改变大脑结构，为我们提供了一条全面提升大脑功能的路径。从让大脑的"乐队"更加协调，到让"邮局"更高效，再到在"健身房"中强化关键区域的能力，正念以科学的方式帮助我们更好地适应充满挑战的现代生活。尽管这些改变需要持续练习，但它们为我们的日常生活注入了更多的从容与智慧，使我们的大脑不仅更高效、更灵活，也更加健康、有韧性。

正念改善感知、记忆、注意力与情绪

正念不仅是一种让人放松的练习，它更是提升心理能力的强大工具。从感知觉到记忆，从注意力到情绪调节，正念深刻影响着我们的心理活动。通过科学研究和生活中的实践，我们逐渐明白，正念如何帮助我们更敏锐地感知世界，更清晰地记住重要的事情，更专注于眼前的任务，更轻松地管理情绪波动，实现心理动态平衡。

感知觉：用正念唤醒更敏锐的感官世界

我们的感官每天都在接收信息，但很多时候我们对这些信息的处理是机械的、被动的。正念练习让我们的感官体验更加敏锐，帮助我们更主动地与自己的感官对话。这种感知觉的提升不仅能让我们更清楚地感受愉快的时刻，还能帮助我们更好地应对不适和疼痛。

研究表明，正念练习能显著改变我们对疼痛的感知。例如，Grant等人（2011）发现，长期练习正念的人对疼痛的反应更为冷静，甚至能承受更强的痛感。这是因为正念帮助我们以一种开放和接受的态度面对疼痛，而不是让情绪放大这种不适的感觉。可以说，正念就像是为大脑安装了一套"缓冲系统"，减少了疼痛信号对情绪的冲击。

更有趣的是，即使是短期的正念练习也能带来明显的变化。Zeidan 等人（2010）发现，仅仅三天的正念训练，就能让人在面对疼痛时更加放松。这并不是因为疼痛本身减轻了，而是我们的大脑学会了用一种平和的方式应对这种不适，就像在对自己说："是的，这不舒服，但我可以处理它，而不需要被它控制。"

正念对感知觉的提升不仅体现在疼痛上，也体现在我们对愉快体验的感知中。比如，正念让我们更加清楚地感受到阳光洒在皮肤上的温暖，或者风拂过脸颊的轻柔。这种增强的感知觉帮助我们更充分地享受日常生活中的点滴美好。

记忆：正念让回忆更清晰

记忆是我们与过去建立联系的桥梁，但很多时候，负面的情绪会模糊我们的记忆，让一些美好的片段被忽略。正念练习能够帮助我们整理这些片段，让回忆变得更清晰、更鲜活，尤其是在情绪波动较大时。

Watkins、Teasdale 和 Williams（2000）发现，正念能够帮助抑郁症患者改善记忆功能，让他们更清晰地回忆起生活中的积极细节，而不是陷入消极情绪的泥潭。这种记忆功能的提升就像拨开一片阴云，让阳光透进来，为我们带来希望和力量。

此外，正念还能提高我们的记忆筛选能力，帮助我们专注于关键信息，而不是被无关的干扰分散注意力。Heeren、Van Broeck 和 Philippot（2009）的研究表明，正念训练能通过增强认知灵活性，帮助我们更有效地抑制无关信息的干扰。这种能力在学习和工作中尤为重要，它让我们的大脑像一台精准的搜索引擎，在海量信息中快速找到所需的内容。

正念对记忆的帮助不仅体现在工作和学习中，也体现在我们的生活体验里。当我们练习正念时，那些与家人共度的温馨时光，或者与朋友分享的快乐瞬间，会变得更加鲜活。我们不仅能更好地记住这些时刻，还能更深刻地感受到它们带来的幸福感。

注意力：正念打造专注力的"肌肉训练"

在信息爆炸的时代，注意力成了一种稀缺资源。我们的注意力总是被不断弹出的手机通知、外界的噪音，甚至内心的杂念所分散。而正念，就像是给大脑做一场"瑜伽"训练，让它变得更加灵活和专注。

研究发现，正念训练能够显著提升孩子的注意力水平。例如，Tang等人在2007年和2009年做的两项研究表明，经过正念训练，孩子们在学习时能更好地集中注意力，减少对外界干扰的反应。想象一下，在一间嘈杂的教室里，练习过正念的孩子能够专心听老师讲课，而不会轻易被同学的低声交谈或窗外的鸟叫分散注意力。

对成年人来说，正念的帮助同样显而易见。正念练习能够提高成年人的注意力，从而达到改善认知功能的目的，让我们在面对繁忙的工作时更高效地完成任务。Jha等人（2007）的研究进一步指出，正念能够帮助我们减少因分心而产生的拖延行为，使我们在需要专注时更容易进入"心流"状态。

这种专注的提升不仅体现在工作和学习中，还能帮助我们更好地享受生活。当我们能够把注意力完全放在眼前的事情上，就会发现，那些曾经被忽略的细节其实有着独特的美感，而我们对生活的掌控感也会因此增强。

情绪调节：正念赋予内心平静与韧性

情绪是我们每天都要面对的挑战，它们可能在一瞬间把我们推向快乐的巅峰，也可能让我们陷入焦虑或愤怒的低谷。正念训练就像一个"情绪调节器"，帮助我们找到内心的平衡点，不轻易被情绪左右。

研究表明，正念能够显著提升积极情绪，同时减少负面情绪的影响（Carmody & Baer, 2008）。这种调节能力不仅能够让我们更容易感受到幸福感，也能帮助我们在压力和疲惫中找到片刻的平静。当我们面临繁重的工作任务时，正念让我们学会放下内心的焦躁，把更多的精力放在实际的解决方法上，而不是被情绪困住。

此外，正念还能增强我们的同理心和对他人的理解力。Lutz等人（2008）的研究发现，正念练习能够显著减少侵犯性行为，让人们在社交互动中表现得更加宽容和友善。对于那些容易在社交场合感到焦虑的人来说，正念是一种有效的训练方式，能帮助他们更自然地与他人建立联系，减少对自我的苛刻评价。

更有趣的是，正念还对情绪的恢复能力有着显著的提升作用。Erisman和Roemer（2010）的研究发现，练习正念的人在面对负面情绪时，能够更快地恢复平静。比如，看一部感人的电影后，他们不会长时间沉浸在悲伤中，而是能够更快地调整情绪，重新回到平衡状态。

通过感知觉、记忆、注意力和情绪调节能力的提升，正念为我们的心理健康提供了强大的支持。它不仅让我们更好地感受生活的美好，还帮助我们在挑战和压力中保持清晰和平衡，让每一天都更加从容、智慧。

正念维护心理健康

正念与焦虑

焦虑是指向未来的情绪反应，通常伴随不安、紧张，甚至是失控的感觉。比如，担心即将到来的面试、考试，或者是和人交往时可能出现的尴尬场面，以及生活中任何的不确定性。焦虑让我们感到心情沉重，仿佛未来的一切都悬而未决，像一根紧绷的弦随时可能断裂。

正念的作用，就像是让这根紧绷的弦稍微放松，让我们从过度担忧的情绪中脱离出来。当焦虑袭来时，正念帮助我们摆脱对未来的不安，将注意力轻轻带回到当下。通过简单的练习，比如深呼吸和感官觉察，正念让我们能够关注自己的呼吸、感觉和环境，而不是被对未来的担忧所淹没。

研究表明，正念能迅速减轻焦虑，尤其在情绪最紧张的时候。虽然这种效果可能随着时间推移有所减弱，但它依然是一种强有力的工具，帮助我们在压力巨大的时刻重新找到内心的平静。随着练习的深入，正念还可以帮助我们的大脑逐渐习惯不再对未来的不确定做出过度反应，从而增强我们应对压力的能力。

正念的效果因人而异，不同的年龄和生活经历都可能影响我们练习的方式和感受。就像一个经验丰富的船员，能够在风浪中稳住方向，正念的练习让我们更轻松地应对内心的焦虑。

此外，和他人一起练习正念，效果通常会更好。就像和朋友一起去看日出时，除了享受自然的美丽，我们还能获得彼此的陪伴和支持。正念在集体的氛围中能发挥更强的作用，共同练习让我们不再孤单，能更加放松，从而减轻焦虑。

正念与抑郁

抑郁常常是一种指向过去的情绪反应。许多人在感到抑郁时，往往会不断回想过去的失落和错误，陷入自责和懊悔的情绪中。他们可能会觉得自己"不够好"，总是纠结于那些让自己痛苦或失望的往事。这样的思维模式会让人感到沉重、无力，仿佛过去的阴影一直笼罩着自己，无法摆脱。

正念能有效帮助缓解这种情绪。它并不会让人忽视过去的经历，而是帮助人们从过去的痛苦和负面记忆中抽离出来，专注于当下的呼吸、身体感受以及周围的环境。人们可以通过练习正念，不再让过去的事情支配现在的情绪，不再陷入反复的自我批评和懊悔中，而是接纳和放下那些已无法改变的事。这一过程像是一种"情绪解压"，让内心逐渐变得轻松和宁静。

对于产后抑郁的妈妈们来说，正念提供了特别重要的帮助。经历了生产后的身体和心理剧变，许多妈妈常常在面对巨大的角色变化时感到不安，而正念能帮助她们专注于当下，逐渐减轻这种心理负担。通过正念，她们能够减少自我批评，学会接纳自己，放下对完美的追求，从而减轻情绪上的负担。

此外，正念对抑郁的复发也有积极的预防作用。对于那些有过抑郁经历的人来说，正念训练可以帮助他们打破负面思维的恶性循环，改变对情绪的反应方式。通过长期的练习，正念能够增强个体对情绪的觉察力和调节能力，帮助他们更加从容地应对未来可能出现的低落情绪，从而降低抑郁复发的风险。

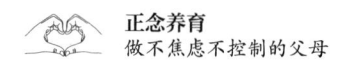

正念与压力管理

现代生活中，我们常常面对各种压力源，比如工作上的任务、家庭中的责任，甚至是未来的不确定性，这些都会让我们感到不安。正念的核心在于让我们把注意力从这些外部压力源转移到自己的呼吸和当前的体验上，通过这种方式，我们能够减少对未来的过度担忧和对过去的反复回想，从而减轻压力带来的心理和生理反应。

研究发现，正念训练能够帮助我们在面对压力时保持冷静，不轻易被情绪左右。许多练习过正念冥想的人发现，他们能够更好地调节自己的情绪，在遇到压力时，不会马上产生焦虑或愤怒，而是学会观察和接纳这些情绪，然后做出理性的反应。这种情绪调节能力的提高，使我们能够更平和地应对生活中的挑战，避免情绪失控和冲动行为。

不仅如此，正念还能够帮助我们发展出更加有效的应对策略。面对压力时，很多人可能会选择逃避或者过度反应，但通过正念冥想，我们学会了觉察自己内心的变化，并采取更健康的应对方式，比如深呼吸、积极的自我对话或者情绪接纳等。这些方法能帮助我们从消极的应对方式转向更加积极、有效的应对策略，让我们在压力面前不再感到无助，而是能够以更理智的方式处理问题。

正念不仅对心理压力有帮助，也能缓解由压力引发的身体症状。比如，长期处于工作压力之下可能会让我们产生头痛、失眠、肩颈僵硬等不适，这些身体反应不仅让我们感到疲惫，还可能加重心理的负担。然而，研究发现，正念冥想可以帮助减轻这些身体症状，让我们在面对压力时感受到更多的舒缓和放松。

正念与睡眠

睡眠问题常常是我们生活中隐隐的痛点：白天的压力让我们难以安然入睡，夜晚的辗转又让白天的疲惫愈加沉重。或许我们没意识到，这种失眠或睡眠不佳的状态，不仅是因为我们"睡不着"，还因为我们的心太忙，忙得忘了如何安静下来。正念，作为一种能够帮助我们与内心对话的练习，正是改善睡眠的一个重要方法。

研究表明，正念练习对睡眠的改善有着多方面的作用。它最直接的好处，就是帮助我们减少焦虑和压力。当我们不再被这些思绪牵引，焦虑的强度会自然下降，身体也会跟着放松下来。

此外，正念还能改变我们对睡眠的态度。很多时候，我们对"必须睡着"的期待反而成了睡不着的原因。正念练习中强调的接纳，能够帮助我们平和地面对自己的睡眠状态，无论是容易入睡还是偶尔失眠，都不再成为一种额外的负担。这种轻松的心态，会让我们慢慢发现，睡眠可以变成一件自然发生的事，而不是一场需要努力去争取胜利的战斗。

值得一提的是，正念对睡眠的改善不仅限于减少失眠。它还能提升睡眠的整体质量。正念练习可以减少夜间的觉醒次数，延长深度睡眠的时间，这意味着，我们即使睡的时间不长，也能感到更加精神焕发。这种变化并不是来自外部，而是源自内心的平静与平衡。

或许正念带来的最深远的好处，是它不仅能解决"睡得好"的问题，更能帮我们打破睡眠与生活中压力的恶性循环。随着内心的平和，我们会发现，白天的情绪也会变得更加稳定，面对挑战时也能更加从容。

正念对睡眠的改善效果已经被很多科学研究证实，它的核心并不复杂：当我们的内心安静下来，睡眠自然会更容易流入我们的生活。即便你不曾尝试过正念练习，也不妨知道，关注当下、接纳自己，是让夜晚更加安宁的一种力量。睡眠，不是外界赋予我们的恩赐，而是我们内心平静后的自然馈赠。

正念作为一种简单而有效的练习方法，在心理健康的多个方面展现了显著的作用。无论是缓解焦虑、抑郁，还是管理压力、改善睡眠，正念都以其独特的方式帮助我们回归内心的平静。它教会我们关注当下、接纳自我，并在复杂的生活中找到一种内在的平衡。

第三章

直面养育的困境

育儿的路上，我们满怀期待，却也常常感到手足无措。无条件的爱，是否意味着什么都不管？"为你好"的初衷，为什么总给孩子带来压力？焦虑、疲惫、无助……这些情绪就像不请自来的客人，时常造访我们的生活。

每一个问题，都是我们育儿旅程中的一道风景。或许它会带来不安和困惑，但也提醒我们停下来，看看自己真正需要什么，孩子真正需要什么。在直面这些挑战时，我们也在慢慢学会，如何用一颗平和的心去拥抱自己，去理解孩子。

这一章，我们将一起探索养育中的种种困境：如何全心陪伴却不迷失自我，如何在焦虑与比较中找到平衡，如何与家人达成更好的合作……每一个难题背后，都隐藏着关于爱与成长的答案。

令人迷茫的"无条件的爱"

如今,教育资源触手可及,网络上涌现了许多教育博主,他们常常提倡"无条件的尊重"和"无条件的爱"。这些理念让很多家长深受启发,但也可能带来一些迷茫:无条件的爱,是否意味着什么都不管?

西西的妈妈就是这样一个满怀爱与耐心的母亲。她从西西很小的时候起,就学习如何尊重孩子的感受与需求。在家里,无论是吃什么、穿什么,还是去哪儿玩,妈妈总是先问西西的意见,尽可能地满足她。然而,随着西西慢慢长大,妈妈发现了一些困扰。

那天,阳光明媚,妈妈带西西到公园滑滑梯。玩得正开心时,西西看到不远处的小朋友在吹泡泡。她立刻跑过去,兴奋地追着泡泡,咯咯笑个不停。但不一会儿,西西停下脚步,跑到那个吹泡泡的小朋友面前,想拿过泡泡棒自己吹。然而,对方不愿意把玩具借给她,西西顿时皱起了眉头,小手伸过去准备抢。

妈妈连忙上前,把西西拉开,蹲下来温柔地说:"宝贝,别人不愿意给,我们不能抢哦。"但西西不愿听,跺着脚,嘴里喊着:"我要吹!"眼看她情绪越来越激动,妈妈赶紧拉着她去买了一盒泡泡水,试图安抚她的情绪。

拿到泡泡水的西西果然不再哭闹,开始自己开心地吹了起来。看着情绪平复下来的孩子,妈妈松了口气,但她心里隐隐感到不安:自己是不是做得不对?

她希望通过满足西西的需求来表达"无条件的爱",也想让她感到被尊重。但这样的方式,真的能帮助孩子成长吗?西西因为需求被满足而平静下来，可她是否学会了如何面对失望？这样的"无条件的爱"，会不会变成一种对孩子的无限妥协？

无条件的爱是用爱接纳、用心引导

孩子刚来到这个世界的第一年，他们需要的爱是最简单、最纯粹的。每一次饿了时被喂奶，哭了时被抱起、被轻声安抚，都会让他们感受到来自父母的关怀和陪伴。这种回应，让小小的生命渐渐相信，这个世界是安全的、可以依赖的，也是充满爱的。

随着孩子一点点长大，他们从父母的怀抱走向更大的世界，开始探索、尝试，也开始用自己的方式表达想法和需求。这个时候，无条件的爱不再只是满足孩子的一切愿望，而是情感上的无条件接纳，告诉孩子：即使遇到挫折或冲突，他们的价值也不会减少，父母始终站在他们身边。这是孩子建立内在稳定感的关键。

当然，这样的爱并不是毫无边界的。孩子在成长过程中会遇到规则和界限，而这些也是爱的一部分。父母在给孩子无条件支持的同时，也要引导他们学会如何与世界相处。比如，当西西因为没能如愿而发脾气时，妈妈可以温柔地告诉他："妈妈知道西西现在很难过，但是不管多想玩，我们都不能抢别人的玩具。想想看，西西要是带喜欢的玩具出来玩，也不希望被别的小朋友抢，对吗？"这样的爱既让孩子感受到被理解，也帮助他们慢慢明白，这个世界有秩序、有规则，而规则并不是限制，而是保护。

"无条件的爱"与"条件性规则"共同助力社会化

爱孩子意味着希望他成长为能够适应社会、有韧性的个体，而不是依赖外物来获得幸福感的人。这就需要我们在"爱"与"规则"之间找到平衡：情感上无条件接纳孩子，行为上适时设立界限。无条件的爱是情感上的支持，帮助孩子感受到安全和归属；条件性规则是行为上的引导，帮助孩子学会调节情绪、理解自我与他人的关系，并适应社会环境。

在案例中，当西西想要抢别的小朋友的泡泡棒时，妈妈试图通过购买泡泡水来平息她的不满情绪，但这一行为可能传递了隐含的信息：情绪越激烈，需求越强烈，就越可能通过外部补偿来获得满足。其实，西西完全有能力从这个情境中学到更多。比如，明白每个人都有权利保有自己的东西，学会尊重他人的意愿，还能学习如何用语言表达自己的失望或寻找替代的解决方式等。

在这个过程中，父母首先需要觉察自己是否因为看到孩子的失望而心疼，从而产生了想要补偿她的冲动。其实，这种冲动源于我们内心对孩子处理冲突和失望的能力的怀疑。我们需要先接纳自己这样的心情，心疼孩子是很正常的，但接下来，我们可以冷静下来，给孩子更多的理解和支持。

温柔地问孩子："我知道你很想玩那个泡泡棒，但它是别的小朋友的，他不愿意借给你，你是不是有点失望？"接着，和孩子一起明确规则："泡泡棒是别人带来的，他不愿意分享也是可以理解的，有的时候你也不想分享自己心爱的玩具对吗？但无论如何，我们不能抢别人的东西，这是不对的。"最后，我们可以提供替代的解决方法："我们和他商量一下，看他是否愿意让我们玩一会儿。如果不行，那我们可以一起玩别的，或者换个新玩法，追泡泡。"通过这些方式，孩子不仅感受到自己被无条件爱着，也学会了面对冲突和限制。

无条件的爱须平衡"短期满足"和"长期成长"

在育儿过程中,我们常常面临选择:是立刻满足孩子的需求以缓解他们的不满,还是借助这些不如意的时刻来促进他们的成长?例如,当孩子因为没能得到自己想要的玩具而哭泣时,眼看着他们失落、痛苦,我们可能会想马上安慰他们,甚至通过买一个新玩具来让他们开心。短期内,孩子的情绪得到了安抚,似乎问题也解决了。但从长远来看,这种"物质补偿"的做法可能会让孩子忽视面对失望和挫折的真正挑战。

作为成人,我们要意识到,无条件的爱不仅是迎合孩子当下的需求,还是在更深层次上关注他们的成长。这种成长不仅是在学业和技能上的提升,更包括情绪管理、挫折容忍力和解决问题能力的提升。为了帮助孩子更好地面对这些挑战,我们可以在日常生活中创造更多的机会,去让他们理解生活中的"规则"和"限制",并引导他们学会如何在失望中找到成长的力量。

比如,在孩子和同伴发生冲突时,我们有时会忍不住去"调解",急于解决问题,但真正的教育机会往往藏在这些冲突当中。当孩子因争抢玩具与小伙伴闹得不愉快时,及时插手以避免冲突可能会让孩子错过学会如何与他人沟通、如何妥协的机会。我们可以试着站在一旁,给孩子提供情绪支持,鼓励他们自己表达感受,教他们如何用语言而不是不当的行为来解决问题。通过这种方式,孩子不仅能学到如何管理自己的情绪,还能学会如何在社交中建立界限和尊重他人。

有时,这种选择会让我们觉得很难,因为短期内看似乎会让孩子难过,甚至我们自己也会感到不安。但如果我们能够意识到这些小小的冲突和失望正是孩子成长的契机,就能更加从容地面对,避免因过度保护而让孩子失去锻炼的机会。最终,孩子会发现,成长并不意味着避免不

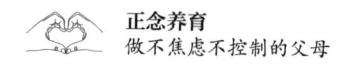

愉快，而是学会如何面对不愉快并从中找到解决的办法。

　　总的来说，正念养育的核心是帮助父母学会在育儿过程中接纳自己的情感，理解孩子的需求，同时平衡爱与规则之间的关系。通过正念，我们能够更清晰地觉察到孩子情绪背后的需要，带着理解和耐心帮助孩子面对生活中的挑战，而不是通过短期的妥协来回避冲突。无条件的爱不代表无条件的放任，而是在情感上支持孩子的成长，并在过程中引导他们学会适应社会规则、管理情绪和建立自我价值。

> **指引** 如何利用正念养育提升情绪觉察与提供成长支持，将在第四章"正念养育之自我疗愈"和第五章"正念养育之重塑亲子关系"中讨论。

一厢情愿的"为你好"

　　小玲是个安静的孩子，喜欢自己待着，拿着画笔在纸上涂涂画画，或者看看书。每次去亲戚家或参加朋友聚会，其他孩子玩得热热闹闹的，她总是待在一旁，安安静静地做自己的事。妈妈虽然知道每个孩子的性格都不同，但看到小玲不主动和其他孩子打招呼，她还是会担心：是不是孩子不喜欢和别人接触，还是她社交方面有什么问题？

　　为了让小玲变得更开朗，妈妈决定给她报个舞蹈班。她听说舞蹈能够帮助孩子变得更加自信，也有助于锻炼身体协调能力。可是，舞蹈班的情况并不像妈妈预期的那样。上课时，老师会带领孩子们做一些基本的舞蹈动作和队形练习。尽管这些活动不需要过多的互动，但小玲总是显得有些紧张，跟不上其他孩子的节奏。每次下课后，小玲都会说："妈妈，我不喜欢跳舞。"妈妈一方面心疼她，另一方面也开始担心自己是不是给小玲施加了太多压力，才让她不喜欢这些活动。

有一次，妈妈和朋友们聚会，大家谈论起各自孩子的成长进展。有的妈妈提到她家的孩子已经能背好多首诗了，另一位则分享了自己孩子在数学方面的成绩。听到这些，小玲的妈妈心里不免有些焦虑。她发现小玲的语言表达能力似乎比其他同龄孩子差一些，甚至有些简单的词语她还说不太清楚。

回到家后，妈妈决定上网查找一些育儿信息，看看自己是不是遗漏了什么，或者有没有能帮助小玲提高的方式。她看到一篇帖子提到，三岁的孩子应该开始接触一些简单的数学概念，比如认识数字、做加减法。妈妈心里一紧，觉得自己可能忽视了小玲在这些方面的培养。于是，她决定开始在家里和小玲做一些数字游戏。每当看到网上有新的育儿建议，妈妈就忍不住去尝试，生怕错过了什么能帮助小玲成长的机会。

明确自己的培养目标

在社交媒体发达的今天，妈妈们每天都会接收到大量有关育儿的信息，例如别的孩子的成长故事、热门育儿理论或身边妈妈的亲身经验。在没有明确育儿目标或原则的情况下，妈妈们容易受到外界信息的左右，担心孩子是否在某些方面落后了。于是，她们盲目地跟风，尝试各种方法和活动，试图在短时间内改变孩子的成长轨迹。

就像小玲的妈妈一样，看到别的孩子能背诗、做数学题，就不由自主地觉得自己的孩子也应该做到，因此，她开始给小玲安排各种活动。有的妈妈看到别的孩子数学能力强，也马上让自己的孩子学数数、加减法；有的妈妈看到孩子的体型或身高与同龄孩子相比稍显落后，便开始给孩子吃各种补剂,听说什么运动能促进长高,就给孩子安排……

这些行为反映出一个普遍的问题:妈妈们在育儿过程中缺乏明确的目标,容易把别人的经验和意见当作衡量标准,进而忽视自己孩子的兴趣、个性和成长节奏。实际上,每个孩子都是独一无二的,他们的能力、性格、兴趣和发展速度都不同。盲目跟风、频繁尝试新的方法,往往会让孩子产生抗拒和不适,反而增加孩子的压力,影响亲子关系和孩子的心理健康。

接纳孩子的个体差异和成长节奏

每个孩子的成长轨迹都是独一无二的,真正的关键在于如何为孩子提供一个能够激发她潜力和自信的环境,而不是强迫她去迎合外界的标准。小玲喜欢安静地画画,沉浸在自己的世界中,正是通过这种安静的方式,她找到了成就感和快乐。如果妈妈能够从这一点出发,尊重她的兴趣和天性,反而能为她创造更合适的成长平台。

画画对小玲来说,不仅是打发时间的活动,它让她体会到创作的乐趣和成就感。随着在画笔下找到自信,她可能会慢慢地打开内心,愿意与周围的人交流。比如,她可能在班级里主动展示自己的作品,或在老师和同学的鼓励下,积极参加美术比赛。这些活动为她提供了一个小小的舞台,让她在自己擅长的领域里闪耀光芒。

从这个角度看,如果妈妈能迎合小玲的兴趣,支持她在自己喜欢的领域成长,而不是盲目追求"赢在起跑线上",那么她不仅能看到小玲在自己节奏中的进步,还能看到她逐渐展现出更多自信。孩子在自己热爱的事物中找到成就感和认同感,渐渐地,她就会更加自信,甚至能突破原有的拘谨,去接触外部世界。这种成长,不是通过从外界施压,而是通过理解和支持孩子的内心世界,帮助她在自己的舞台上大放异彩。

理解孩子个性的多面性

理解孩子的个性特点，我们需要看到其多面性和适应性。很多时候，父母会根据自己对孩子的期望，判断孩子的性格是否"合适"。

比如，小玲的性格比较安静，喜欢独处，喜欢看书或者画画。妈妈有时会觉得孩子很"乖"，在自己忙碌时也能安静待着，不打扰自己，这似乎是一个"好"表现。但同样的性格，放到不同的情境下，妈妈的看法又发生了变化。当他们去参加聚会时，妈妈看到其他孩子活跃地和人交往，而小玲不主动和其他孩子打招呼、交流，妈妈心里就开始焦虑，觉得孩子不善社交，甚至担心孩子性格上有问题。其实，妈妈没有意识到，孩子的性格并没有改变，只是不同的场合引出了她不同的期望。安静的孩子在需要专注时可能更能表现出优势，而在社交场合，可能需要一些鼓励和引导。

在这种情况下，父母容易陷入误区：他们认为孩子的个性在某些场合下显得"不合时宜"，这是大问题。实际上，这是过于强调了人对环境的适应。在人与环境的关系之中，人不仅可以适应环境，也可以选择环境甚至改造环境。我们应学会尊重和欣赏孩子的个性，给予他适当的支持，帮助孩子找到自己擅长的领域。

无法全身心投入的亲子时光

一天，爸爸下班回家，女儿一抬头看见爸爸，眼睛一亮，兴奋地喊道："爸爸，你陪我一起拼积木吧！"爸爸放下手中的包，答应着："好啊！"然后坐了下来，心里却在想着："今晚还得做报告，明天早上还有个会议，得早点准备。"他的手开始搭积木，但思绪已经飞到工作和其他琐事上。

女儿满怀期待地递给他一块积木，兴奋地说："爸爸，我们一起搭个大城堡吧！"爸爸接过积木，却忍不住看了一眼手机，心里想着："这邮件我还得赶紧回一下，顺便把晚上的任务理一理。"他一边搭积木一边盯着手机，偶尔敷衍地回应女儿的提问："嗯，可以放在这里。"

女儿一点也没有觉察到爸爸的心不在焉，依然热情满满，不停地说："爸爸，我们可以搭更高的塔！你快看，我搭好了这个，下一步放哪里呢？"她期待地看着爸爸，想和他一起完成这座"城堡"。

爸爸努力把注意力从手机上拉回来，心想："刚刚已经处理了一些工作，现在应该全身心陪她。"他放下手机，装作专注地拿起一块积木，试图投入亲子时光。但他发现，这样的游戏对自己来说实在没什么乐趣。几分钟后，他又忍不住看了看时间，心里想着："这要搭到什么时候才结束？"

他看了看满脸兴奋的女儿，犹豫了一下，轻轻拍了拍她的肩膀，说："宝贝，爸爸去一下洗手间，你找妈妈陪你一起玩，好吗？"女儿点点头，急切地问："那你回来还陪我吗？"爸爸说："嗯，我回来再看看你搭的城堡。"

说完，他起身离开，手机还握在手里，走出了客厅。女儿望着爸爸离开的背影，低头看了看手中的积木，虽然心里有些失落，但她没有表现出来。她依然拿起一块积木，自言自语地说："嗯，我要先把这个搭高一点，等妈妈来了一起搭！"

父母的"多任务"焦虑

爸爸的行为体现了现代父母常见的内心矛盾：一方面，他渴望陪伴女儿，给她足够的爱和关怀；另一方面，繁忙的工作和生活压力让他很难真正放下心来，享受亲子时光。这种矛盾并非因为不爱孩子，而是因为被责任感驱使，他总觉得自己必须同时满足工作和家庭的需求。然而，他的注意力被分割，导致所谓的"陪伴"最终变得流于形式，缺乏情感的投入。

很多时候，父母会把自己置身于一种"多任务"状态，试图一边陪孩子，一边想着工作中的琐事。这让父母难以全身心地投入到眼前的陪伴中，只是像完成任务一样机械地陪在孩子旁边。实际上，短暂地放下对工作的担忧并不会耽误整体的任务进度，反而能让自己在陪伴孩子时更加专注和轻松，精神上也能得到充分的放松。爸爸不妨为自己设定一个明确的时间界限，比如"接下来的20分钟，我完全放下工作，专心陪她玩"，这样既能减少内心的焦虑，也能让孩子感受到真正的关注。

大人"不会玩"的现象

爸爸面对女儿的积木游戏时，发现自己很难像孩子那样沉浸在游戏的乐趣中。他的思维模式始终被成年人惯有的目标导向所占据，常常想着："游戏是不是应该搭出一个'像样'的城堡？如果搭不好，孩子会失望吗？"这种思维让他无法放下成人的角色，无法简单地享受和孩子在一起的过程。

其实，大人"不会玩"，并不是因为缺乏技巧，而是因为失去了对当下的感知。在"玩"这件事情上，孩子是当之无愧的"老师"。孩子是天生的"正念高手"，他们在玩耍的时候是完全沉浸的——可能半天都在研究一块积木怎么叠好，完全不在意是不是"有用"。这对大人来说，是一种难得的提醒。我们可以带着好奇去观察孩子怎么玩，去体验他的思维、他的快乐。也许在观察中,我们会被某种细节吸引:积木摆放角度的变化让我们窥见孩子的想象世界。找到能引起自己兴趣的细节,我们就能更自然地参与其中,而不是勉强自己"陪玩"。与孩子一起玩,不是单纯满足孩子,而是一种彼此滋养的互动体验。

功利化的陪伴观念

在快节奏的生活中,很多家长把"陪伴"当成了需要完成的事项。吃完饭,讲个故事、搭几分钟积木,打卡式地完成,仿佛就能安心交差。但孩子感受到的,是"人在,心不在"的陪伴。

真正的陪伴,是关系在流动。比如,孩子满怀期待地展示自己的画,如果家长只瞄一眼,说"不错啊",孩子的热情会迅速冷却。但如果我们暂时放下手头的事,认真欣赏,问"你画的这个人在想什么呀",孩子就会受到鼓舞。

我们不是要多花时间陪伴孩子,而是要在陪伴孩子时更专注和投入——换一种存在方式。陪伴不是义务,而是连接的过程。当我们愿意从"完成任务"中抽身出来,把注意力放在彼此的互动上,孩子也会给我们回应:"是的,你在,我看见了你。"那一刻,不只是孩子被滋养,我们自己也会被悄然治愈。

孩子的期待与父母的回应

女儿满怀期待地递上积木,喊着:"爸爸快看!"她一次又一次地试图吸引爸爸的注意力,眼神中充满了信任和喜悦。孩子的热情和期待是那么真挚,她希望与爸爸分享自己创造的世界,感受到爸爸的认同和鼓励。然而，她也同样非常敏感，能够觉察到爸爸是否真的在关注她。当爸爸分心或者忽略了她的存在时，女儿可能不会立刻表现出失望，但她内心的失落却是无法掩饰的。

在这个时候，爸爸除了继续和女儿互动，还可以通过更多关注女儿的感受，表达自己对她的重视。比如，爸爸可以轻轻地摸摸女儿的头，微笑着看着她，或是蹲下来与她保持视线平行，眼神中充满温暖和支持。通过这样简单而真诚的肢体语言，爸爸能向女儿传递出关心和鼓励，也能让她感受到自己在爸爸心中的重要性。与此同时，爸爸也可以认真地听女儿讲她的想法，无论内容是否复杂，给予她充足的关注和回应。当爸爸全身心地投入时，孩子的安全感会大幅提升，她会感到自己被充分接纳，进而更愿意在爸爸面前表现自己，享受这段亲子时光。

从焦虑到"不会玩"，从功利化的陪伴到孩子的失落，爸爸的经历展现了许多家庭日常的真实场景。父母可以从小的细节做起，慢慢从"关注当下"开始，将短短的几分钟变成孩子与父母共同度过的快乐时光。这种用心的陪伴，不仅能为孩子带来更多的安全感和满足感，也能让爸爸从忙碌的生活中找到属于自己的片刻轻松。

> **指引** 如何利用正念养育专注当下的亲子陪伴，将在第五章"正念养育之重塑亲子关系"中讨论。

情绪稳定的"枷锁"

乐乐的妈妈一直很重视孩子的学习，也为此付出了很多努力。可这天，二年级的乐乐带回了一张错误百出的数学试卷，卷面上错乱的红线和潦草的笔迹让她的心里顿时像压上了一块大石头，她感到异常沮丧。她努力抑制住责备的冲动，开始陪着乐乐订正错题。

一开始，乐乐妈妈还能耐着性子，像讲故事一样告诉乐乐如何解决每一道题。然而，这道题好不容易教会了，下一道类似的题，乐乐又答错了。这让她的焦躁感开始悄悄升起。她不断提醒自己："这是孩子的学习过程，我要有耐心！"于是，她试着用更简单的语言、更详细的步骤来引导乐乐理解。

然而，乐乐的反应依旧不尽如人意，还是出错了。妈妈的负面情绪开始上涌：是自己没讲清楚，还是乐乐脑子不够灵光，或者干脆是孩子态度不端正、不好好听？她越想越焦虑：这样下去，基础打不好，成绩只会越来越差，将来学习没出路，而家里也没有足够的资源来支持她。就在这时，乐乐开始因为学习时间太长而显得磨蹭，注意力逐渐涣散，甚至用橡皮轻轻地弹着桌子。

看到这一幕，乐乐妈妈的耐心终于被耗尽了，她一把夺过乐乐手中的橡皮，猛地摔在地上，怒吼道："你这个态度还学什么学！是为我学的吗？"

话音刚落，空气仿佛凝固了。乐乐被吓得瞪大了眼睛，整个人愣住了。而乐乐妈妈的怒火还没消，又继续吼道："你以为妈妈想发火吗？好好跟你说，你为什么就是不听呢？"乐乐没有回答，只是眼泪簌簌地掉了下来。

看到女儿的眼泪，乐乐妈妈深吸了一口气，闭上眼睛，心里的愤怒渐渐被沮丧取代。她明知道自己不该发火，也清楚吼叫解决不了问题，可在那个瞬间，她还是没能忍住，彻底爆发了。

误解"情绪稳定",忽略自身的真实感受

这个场景,身为中小学生家长的你也许并不陌生。乐乐妈妈正面临着类似的情形,她希望自己成为一个情绪稳定的母亲,不轻易对孩子发火。然而,她错误地理解了"情绪稳定"的含义,误以为情绪稳定就是情绪压抑。在上面的例子中,乐乐妈妈看到女儿的错题和态度时,内心充满了焦虑、失望和沮丧,但她强行压抑自己的情绪,试图用耐心掩盖一切。但实际上,情绪稳定并不是不能生气,而是接纳自己的情绪,合理表达出来。母亲看到孩子的错误和不专注,感到失望和焦虑是完全正常的。这些情绪不需要被否定,而是应该被觉察、接纳,并适当地表达。如果我们一直压抑情绪,不去面对和处理它们,积压的情绪最终会爆发,可能造成更坏的影响。我们需要学会尊重自己内心的感受,这样才能真正做到情绪稳定。

父母的情绪会无形中影响孩子的情绪

即便乐乐妈妈努力压抑情绪,表面上看似"平静",她的焦虑、失望等负面情绪依然会通过非语言的信号传递给孩子。孩子们很敏感,会通过父母的眼神、语气、重音和肢体动作等细节感知到父母的情绪。对于乐乐来说,妈妈的"隐忍"和压抑实际上让她感受到了某种无形的压力。这种压力可能使她开始表现出磨蹭、不专注,甚至使她回避学习任务,这很可能是她在无意识中应对这种压力的方式。父母的情绪和行为深深影响着孩子,乐乐妈妈的焦虑和愤怒,给孩子带来了不安和困惑,而孩子的反应反过来又进一步刺激了妈妈的情绪,让亲子关系陷入恶性循环。

社交媒体对"完美父母"的塑造,影响养育直觉

在今天的社交媒体上,充斥着"育儿专家"和"完美养育"的故事与技巧,父母们常因此感到巨大的心理压力。社交媒体中的"理想母亲"总是温柔、耐心,永远不对孩子发火。然而,这种描述实际上是在"理想化"亲子关系,过度要求父母在情绪管理上保持完美,这使得现实中的父母常常陷入自我苛责,认为发火就是失败。当父母一味追求外界定义的"好父母"形象时,他们往往无法真正接纳自己的情绪,也难以依照自己的养育直觉去引导孩子。这种外界标准的压迫,让父母无法放松,丧失了养育的直觉和自我,更容易情绪失控。

教育的代际传递:过度担心重蹈覆辙

很多父母在养育孩子时,往往会下意识地回避自己童年的负面体验,立志要成为与自己的父母"截然不同"的父母。情绪失控时,这种担心会被无限放大。比如,乐乐妈妈在情绪爆发后,可能会立刻担心自己对孩子的影响:"我这么发火,会不会让她变得胆小?会不会让她不自信?"这种灾难化想象让父母的自责情绪加重,进一步陷入"愤怒—自责—焦虑"的循环。有时,即便父母不想重蹈覆辙,但在情绪失控的瞬间,他们还是会下意识地采取自己曾经历过的养育方式。

事实上,虽然父母在育儿中有时会下意识地沿用自己小时候接受的养育方式,但我们需要明白,养育不是"一着不慎,满盘皆输"的游戏。觉察自己当下的情绪,理性分析情绪的来源,才是摆脱这种循环的关键。

父母的焦虑：对孩子未来的过度担忧

乐乐妈妈的内心独白充满了对孩子未来的担忧："这样下去，基础打不好，成绩只会越来越差，将来学习没出路，而家里也没有足够的资源来支持她。"这些担忧积压在心中，最终会在孩子不专心学习、做错题时瞬间爆发。父母当下的焦虑与对孩子未来境遇的恐惧往往交织在一起，使孩子的当前表现被过度解读和放大。换句话说，当下的过度反应已经脱离了现实本身，孩子的考试不理想事件被迫承受了远远超出其本身影响力的情绪重量，这种重量不仅让父母无法理性地面对孩子的实际问题，还会给孩子带来不必要的压力。

总的来说，父母的情绪失控往往并非由单一事件引发，而是多重因素叠加的结果，包括对自己的高期待、对孩子未来的焦虑、外界育儿观念的裹挟，以及代际养育经验的无意识传承。这些复杂情绪在特定场景下集中爆发，虽然当下可能带来冲突，但并不意味着亲子关系无法修复。

面对孩子的成长与学习过程，父母可以试着将注意力拉回当下，理解孩子的发展节奏，减少对未来的灾难化预设。通过正念养育的方法，比如自我觉察、停下来冷静、温和地表达感受、事后真诚地修复关系，父母不仅能更好地与孩子沟通，还能为孩子树立健康情绪管理的榜样，将情绪的爆发扭转成亲子关系成长的契机，让家庭在理解与包容中更加温暖而稳固。

家校间的焦虑传递

路路刚上小学一年级，妈妈最近变得特别焦虑。每天，家长群里都会汇报孩子在校的表现，而路路总在被点名批评的行列中。因此，一看到老师在群里发信息，妈妈就会紧张起来，甚至会感到一阵莫名的慌乱。这天，老师又发来私信，反映路路上课不认真听讲，竟然转过身去拿后排同学的文具。老师批评了他，他却一句话都没说，老师觉得孩子的认错态度不端正。妈妈一边附和老师的话，表示自己支持老师的工作，一边口头保证回家一定好好教育孩子。

接完电话后，妈妈的焦虑情绪瞬间被点燃，心里升腾起一种压抑的感觉，仿佛自己和孩子同时被老师否定了。那一瞬间，她觉得自己变得无助，像小时候犯错时，面对家长严厉目光的那个孩子。她开始想，为什么自己的孩子总是被提到，难道自己没有做好教育工作吗？她感到不自信和焦虑在心头蔓延，甚至有些自责，觉得自己在老师面前也变成了不合格的家长。

晚上回到家，妈妈立刻把路路叫到身边，语气严肃地说：“你怎么能不认真听讲呢？课堂上不能做小动作，要专心学习！”她越说越生气，心里担心如果不及时教育，第二天路路还会犯错，老师又会找家长。爸爸在旁边劝说：“孩子刚上小学，别太紧张，慢慢来，给他一些时间。”但是妈妈依然无法放松，她的情绪早已被点燃，继续重复讲道理，甚至开始要求路路立刻答应以后一定要守纪律。

那一晚，妈妈的脑海中一直回想着老师的反馈。她感到自己就像是拔河比赛中的红色布条，绳子的一端是孩子，另一端是老师。她觉得自己似乎只能二选一：如果对孩子表示体谅，就会显得对老师的反馈不够重视；如果立刻整治孩子，又仿佛忽视了孩子的情感和需求。这种两难的境地让她感到焦虑不安，也让她开始对自己的角色产生迷茫和困惑。

母亲的角色焦虑与外界评价的捆绑

例子展现了许多母亲在被老师"找家长"后的无力感。对于路路妈妈来说,每次接到老师反馈都会让她陷入焦虑和不安。这种情绪并不仅仅是因为路路的课堂表现不够理想,更因为妈妈的自我价值感过度依赖外界的评价,尤其是来自老师这样的权威人物的评价。在她的潜意识里,孩子的表现是自己教育能力的直接反映,而老师对孩子问题的反馈,仿佛是在间接地评判她这个家长"做得够不够好"。

这种心态让妈妈很容易将孩子的每一个错误放大,并迅速内化为自责。她反复琢磨:"是不是我哪里没做好?是不是我的问题导致了路路的行为?"她的焦虑更多是对自己身份的质疑,而不是单纯对孩子行为的担忧。事实上,作为父母,我们需要学会将自己视为独立的主体,用更广阔的视角去看待孩子成长过程中的"小插曲"。孩子的成长必然伴随问题和挑战,但这并不是对我们价值的否定,而是成长的规律。只有意识到这一点,父母才能从外界评价中抽离出来,减少不必要的情绪负担。

从行为到整个人的误读

当老师提到路路"不认真听讲"或"转身拿后排同学的文具"时,妈妈的第一反应并不是将这些问题视为普通的课堂纪律问题,而是把它们当成了对孩子整个人的全面否定。她的脑海中迅速浮现出"我的孩子是不是在学校表现很差"等问题,并进一步担忧"孩子是不是会因此被老师讨厌"。这种放大的解读,让她的焦虑情绪超越了事情本身。

事实上,老师的反馈集中在具体的行为,并非在评价孩子的整体人格。而妈妈之所以会将二者混淆,可能是因为一种"全或无"的思维模式。她倾向于认为一件事不好，就意味着整个人不好。这种误读不仅加剧了她的情绪波动，也让她在教育孩子时显得过于严厉和急躁。作为家长，我们需要练习区分行为与人格。可以试着这样告诉自己："老师提出的问题只是行为上的调整建议，并不是在否定孩子的全部。"这样的思维方式不仅能缓解自己的压力，还能使我们更温和地面对孩子的成长问题。

由反馈引发的认知失调

面对老师的反馈，不少家长会心生怀疑："这么点儿小事也要找家长，是不是太苛刻了？"甚至可能忍不住挑剔老师的工作，比如质疑老师："这个老师是不是有点吹毛求疵？"这样的想法其实是一种认知失调的表现。面对让人不适的反馈情绪，家长倾向于通过否定或质疑权威，来减轻自己的心理负担。然而，这种方式并不能解决问题，反而可能让家长陷入对抗情绪。路路妈妈的反应正是这种认知失调的体现。一方面，她希望得到老师的认可，证明自己是个负责任的家长；另一方面，她又感到不安和委屈，隐隐觉得老师对孩子的评价过于苛刻，这样的矛盾让她在行动中变得被动且情绪化。

其实，我们需要意识到，反馈本身是中立的。真正让人产生情绪波动的，是我们对反馈的主观解读。老师提出的问题，并不意味着否定孩子或家长的整体价值，而是为了在孩子的行为中发现不足，及时引导改进。家长可以试着跳出情绪陷阱，冷静地问问自己："这条反馈反映了什么实际情况？它的目的是什么？我能从中学到什么？"只有把注意力聚焦在问题本身，家长才能有效处理反馈，避免情绪化反应对孩子的教育产生负面影响。

教师反馈背后的立场

虽然老师的反馈让路路妈妈感到不安,但如果能站在老师的角度去理解,或许她会有更平和的心态。班主任需要同时管理几十个孩子,并面对上百位家长,这对他们来说本身是一项繁重且高压力的工作。老师反馈孩子的行为问题,是为了尽早提醒家长注意,避免问题积累到无法收拾的地步。如今的社会舆论对教师的要求越来越高,老师在工作中需要留下记录,确保问题有迹可循。如果家长能够意识到,反馈并非针对某个孩子,而是老师教学管理的一部分,或许会觉得更容易接受。

更重要的是,很多反馈本身是中性的,但如果家长将其解读为"老师对我家孩子有意见",就很容易误解老师的出发点,从而在回应时产生不必要的情绪对抗。通过换位思考,妈妈可以学会以更理性的态度看待反馈,也更有助于帮助孩子改正行为。

孩子和老师之间的平衡点

路路妈妈感到困惑的另一个原因在于,她不敢和孩子一起辩证地看待老师的反馈。一方面,她希望孩子能尊重老师;另一方面,她又担心如果自己表现出对老师反馈的哪怕一点点不认同,都会让孩子误解为"妈妈也觉得老师不对",从而削弱孩子对老师的信任,这种矛盾让她陷入了左右为难的境地。

其实,学会辩证地看待权威,也是孩子成长过程中面临的一个关键课题。孩子既要学会尊重规则,也要有独立思考的能力。家长可以用一种温和的方式去回应老师的反馈,同时兼顾孩子的感受。例如,可以告诉路路:"老师提到的这些问题,是希望你能更专注,而不是不喜欢你。

你可以从老师的建议中找到需要改进的地方，我也会和你一起努力。"通过这样的方式，既保护了孩子的情感，也能帮助他理解反馈的意义，增强责任感。此外，家长也可以引导孩子去理解老师工作的背景，比如"老师每天要照顾那么多同学，难免会有一些严格的要求或者严厉的语气"。这种解释既能缓解孩子的抵触情绪，也能帮助他建立对规则的正确认知。

化焦虑为行动的积极沟通

其实，家校沟通是双向的，家长不完全是被动的一方。路路妈妈可以化被动为主动，与老师建立开放的沟通。这不仅能减轻她的焦虑情绪，还能帮助她更好地理解孩子的行为与老师的反馈。例如，路路妈妈可以主动询问老师关于课堂管理的具体方法，或是老师对孩子在校表现的期望等。除了了解老师的工作风格，路路妈妈还可以在接到反馈后，冷静思考并主动与老师讨论解决方案，而不是一味地说："好的，谢谢老师，今晚我们一定好好教育孩子！"

通过主动参与、寻求合作，家长与老师之间的关系不再是信息传递和反馈的单向过程，而是转变为双向互动、共同合作的过程。老师能够感受到家长的理解与支持，同时，家长也能够从老师那里获得更多关于孩子学习与成长的有效建议。最终，这种良性的沟通不仅能帮助孩子更好地适应学校的生活，也能使家长在教育中保持积极主动的态度。

总的来说，家长在面对老师的反馈时，往往容易将自己的情绪与外界的评价捆绑在一起，进而产生焦虑和自我怀疑。为了打破这种恶性循环，家长需要学会将焦虑转化为积极的行动，采取更加开放、理性和合作的态度与老师沟通。正念养育可以帮助家长观察和接纳自己的情绪，避免情绪化反应，从而更加冷静地应对反馈，同时也为孩子创造一个更加支持和温暖的成长环境。

> **指引** 关于如何利用正念养育助力孩子成长的具体方法，将在第五章"正念养育之重塑亲子关系"和第六章"正念养育之助力孩子成长"中讨论。

无处安放的"比较"焦虑

从睿睿出生那天起，妈妈小晴就感觉自己无时无刻不被"别人家的孩子"牵绊着。

睿睿10个月大时，小晴抱着他去小区玩，碰到邻居阿姨正在带孙女。阿姨高兴地说："你看我们家宝贝，才10个月就能扶着走得很稳，差不多就要走了！"小晴笑着点头，心里却微微紧张："我家睿睿怎么连扶着站一会儿都不太稳？"尽管医生告诉她每个孩子的发育节奏不同，但她的心里还是有些隐隐担忧。她一边安慰自己，一边又忍不住在家翻资料，查找着孩子发育的各类信息。直到睿睿14个月时，终于能自己走几步了，小晴这才松了一口气。

睿睿两岁半时，小晴带着他去公园散步，看到一位妈妈正在教自己的儿子背《三字经》，那孩子背得又快又准，发音清晰。小晴立马焦虑起来："睿睿什么时候才能像别人家的孩子那么聪明？"她回家后几乎没怎么犹豫，就为睿睿报了早教班，想赶紧给孩子补上"短板"。然而，睿睿在早教班迅速融入集体活动，与小伙伴们相处融洽的超强适应能力没得到小晴的关注，她更关心的是，睿睿能不能跟着大家一起唱儿歌、学新知识。

睿睿上了幼儿园后，朋友圈里其他家长频繁分享孩子的"成就"——有的晒钢琴演奏视频，有的晒画作，还有人发孩子的舞蹈表演。小晴开始想："要不要给睿睿报个艺术兴趣班？"她给孩子试了几节钢琴课，但睿睿没有表现出太大的兴趣。相比之下，他更喜欢球类运动，尤其是篮球。每次去公园，他都会兴奋地跑向篮球场，和其他小朋友们一起玩耍。小晴虽然有些高兴，但心里却总觉得，篮球怎么比得上钢琴那么优雅。

等睿睿上了小学，小晴的焦虑达到了新高度。班里有个叫晨晨的孩子，每次考试成绩都在班里前几名，作业经常被老师在家长群里晒出来，字迹比好多成年人写得都漂亮。晨晨的妈妈也总在朋友圈晒孩子的学习情况："晨晨每天自己安排时间，复习得井井有条。"小晴每次看到这些，心里都会有些紧张："睿睿怎么不能像晨晨那样自觉呢？他做作业总是拖拖拉拉，遇到难题就容易泄气。"

虽然小晴知道，每个孩子都有自己的优点，但她依旧心里不平衡，总是忍不住将睿睿和其他孩子比较，不自觉地把目光停留在别人家孩子的优点上。

焦虑让父母只盯短板

在很多家庭中，父母对孩子的关注往往集中在孩子的"短板"上。小晴的焦虑正是来源于她总是将睿睿的短板与别人家孩子的长板进行对比。例如，睿睿走得较慢，语言表达的进展也比同龄孩子慢一些，这些显而易见的差距让小晴感到焦虑。然而，睿睿有着其他方面的优势，尤其是在社交和适应能力上。睿睿能够快速融入集体，和小伙伴们玩得非常开心，展现出极强的社交能力和情商。

但小晴并没有意识到这些能力的宝贵，反而把目光集中在他背诵和走路方面的相对"滞后"上。这种对孩子优势的忽视，往往源自父母对这些能力的"习以为常"。很多父母可能觉得孩子的社交能力、情商是"自然的"发展，因此不那么重视，却忽略了这类能力对孩子未来成长的重要性。这不仅让孩子的优点得不到认可，也让父母的焦虑加剧。实际上，父母应该学会看到孩子的全方位成长，不仅仅关注短板。社交能力、适应能力和情绪调节能力等，往往是孩子未来人生中非常宝贵的财富。

社会比较的心理陷阱

人类天生具有比较的心理，这种比较不仅在社交中普遍存在，也深刻影响着父母对孩子的期望和认知。在育儿过程中，父母往往会不自觉地通过对比来评判孩子的发展，期望找到一种标准来衡量孩子的成长进程。这种社会比较，通常分为上行社会比较和下行社会比较。

在小晴的例子中，焦虑正是来源于上行社会比较。上行社会比较指的是将自己与那些在某些方面更优秀、更出色的人进行对比。比如，小晴在看到邻居家的孩子10个月就能稳稳地扶着走时，心中便充满了焦虑："睿睿怎么还不能像他一样，走得这么稳？"小晴不仅觉得睿睿的发育不符合"正常"的社会标准，甚至开始怀疑自己："是不是我的孩子有什么不对劲？"这种对比让她深感压力，仿佛其他孩子在每个方面都领先一步。

上行社会比较往往带来的是压力，而非激励！每个孩子都有不同的成长节奏，且发育的起点和潜力也有所不同，"慢"并不意味着"弱"。睿睿在运动协调能力、社交能力、情商等方面有着自己的独特优势，这些优势虽然在某些阶段并不显著，但随着时间的推移，它们终将成为睿睿未来成长的"长板"。

同时，下行社会比较也时常存在，父母有时会将自己孩子的表现与那些进展较慢的孩子相比，从而获得一些安慰。然而下行比较同样是不健康的，它虽然能暂时减轻父母的焦虑感，但并不能解决孩子发展过程中的真实问题。

在育儿过程中，无论是上行比较还是下行比较，都会让父母忽视个体的差异性和孩子的独特性，陷入持续的焦虑和压力中。每个孩子的成长都是独一无二的，他们的"发育曲线"并不会因为外界的标准而改变。小晴对睿睿成长的焦虑，正是源自她过度依赖社会比较，却没有意识到这种比较本身就是不公平的。

个体差异中的不必要比较

小晴的焦虑还表现为，她过度关注一些无关紧要的差异。比如，睿睿走路的时间较晚，14个月开始才能放手走几步，而某些孩子10个月就能稳稳走路。在这件事上的担忧并没有实质性的意义。在发育的早期阶段，孩子之间的差异是非常大的。有些孩子在走路、说话等方面显得更早熟，而另一些孩子则可能在这方面相对发展得慢一些。这些差异本就是个体发展的自然结果。实际上，睿睿14个月才开始走路，也完全在正常的发育范围内，不必为此焦虑。

我们应当清楚，每个孩子的"成长曲线"都有其独特性。过早地进行比较，往往会给孩子施加不必要的压力，甚至影响他们的自信心。小晴如果能够平静地看待睿睿的成长进程，尊重他的发展节奏，而不是焦虑于"别人家孩子"的进步速度，或许能够更好地支持睿睿的成长。

深层焦虑与外部寻求

小晴的焦虑，实际上不仅源于她对睿睿成长的担心，更深层次的原因在于她对未来的不确定性和对自己作为母亲角色的担忧。很多父母在育儿过程中，往往会不自觉地将自己的焦虑转移到孩子身上，期望通过孩子的表现来获得一些安慰或者某种自我满足。

然而，依赖外界的回应来安抚内心的不安，其实是一种短暂且不稳定的方式。无论是别人家孩子的进展，还是社会对孩子成长的标准，这些都随着时间和环境的变化而不断变化。不断向外寻求肯定，虽然在某一时刻可能让人感到轻松，但这种外部的回应始终无法触及内心深处真正的焦虑来源——对未来的未知、不确定感，以及对自己作为母亲的角色的怀疑。当小晴看到其他孩子的成长似乎更加顺利时，她对自己是否能成为"成功母亲"深感担忧。

这种焦虑，往往并非建立在现实的基础上，而是源自父母内心深处无法言明的不安。小晴的焦虑，并不完全源于对睿睿成长迟缓的担忧，还源于她内心交织在一起的对母亲角色的期待与自我怀疑。她试图通过控制孩子的发展进程，或者通过不断与他人比较，来减轻自己内心的压力，但这种方式不但无法消除焦虑，反而让她更加焦虑。真正能够缓解这种焦虑的，是学会接受孩子独特的成长轨迹，放下对完美的追求，理解并接纳自己内心的焦虑，逐渐找到一种平和与自信。

总的来说，过度的社会比较、忽视孩子优势、过早的焦虑以及自我怀疑的情绪是导致父母焦虑的重要因素。父母应学会尊重孩子的独特性，理解每个孩子的成长节奏都是不同的。在面对焦虑时，父母不妨从内心去审视自己，放下那些来自社会与他人的无形压力，给予孩子更多的理解、支持和时间。这样，孩子才能在轻松、愉悦的环境中健康成长，而

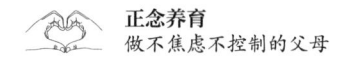

父母也能从焦虑的旋涡中走出来。

拿不准的养育方向

晓安是个聪明的孩子，语言能力强，记忆力也很好。妈妈一直认为自己在教育上做得不错，注重培养孩子的兴趣和情感需求，觉得这样能够让晓安自由地成长，探索自己喜欢的事情。

然而，问题在晓安上小学后逐渐显现。开学的第一周，老师就找妈妈谈话，反映晓安在课堂上管不住自己，踢前桌同学的椅子。虽然老师提醒了多次，晓安还是没有改正。妈妈一时有些不解，心里想："孩子平时表现得很好啊，怎么上了小学反倒出现了这种问题？"她觉得老师可能太严格，毕竟孩子刚开始适应新环境，问题不大。

家里人知道了这件事，纷纷发表意见。爸爸认为，晓安平时确实有些自我，缺少对他人的关心，比如吃饭时打喷嚏不躲到一边，看到好吃的就霸占到自己的碗里。爸爸曾经多次和妈妈沟通，提醒她平时不要过于宠爱孩子，导致他不懂得顾及他人的感受，但妈妈总是觉得孩子还小，那些"调皮捣蛋"都不是大问题。每当老师提到晓安的问题，妈妈虽然表面上附和，心里却总是站在晓安那边，觉得老师不理解孩子。

后来晓安开始上围棋课，问题变得更加明显。围棋老师也反映晓安上课不认真，经常不做题，还不合时宜地和老师争辩，影响同学对弈。围棋老师和妈妈聊了很久，语重心长地提醒她，孩子的行为需要管教，否则以后会影响更多方面。可是，妈妈觉得老师的教学方式太死板，根本无法吸引晓安的注意力，孩子只是没兴趣罢了。在晓安坚持不学围棋后，妈妈就帮他退课了。

随着时间的推移，晓安的成绩也开始下滑。四年级时，妈妈发现晓安的作业经常做不完，考试卷子也经常空一大片。妈妈也很焦虑，她尝试通过阅读书籍和观看教育视频来调整自己的教育方法，但每次面对孩子的错误时，她依然下意识地为他找借口，而不是建立规矩和界限。

晓安的自我中心也在与同学的互动中逐渐显现。课间，他总是急着抢先做决定，径自修改游戏的规则，在集体活动中常常忽视他人的感受，做事时只考虑自己。尽管这些问题逐渐浮现，妈妈依然觉得晓安有自己的个性，孩子需要更多的自由和理解，而不是被过多的规则束缚。

随着时间的推移，晓安的行为变得越来越不自觉。他不听老师的指令，上课常常捣乱或看闲书，甚至对老师的提醒和批评视若无睹。每当老师找妈妈谈话，晓安都会感到害怕和内疚，但妈妈总是选择为他开脱。如此一来，晓安逐渐觉得自己完全不用承担责任，反正每次犯错后都有妈妈为他辩解。

这种行为的累积，不但影响了他的学习成绩，也让他与同学的关系越来越紧张。缺乏自律和责任感的行为，严重削弱了晓安对自己行为的控制，让他陷入了一个恶性循环。

家长是非观念的认知偏差

晓安妈妈对孩子的问题行为，习惯性归因于外部环境，如"孩子太小""老师要求过高"或"环境不适应"，而不是深入思考孩子行为背后的是非逻辑。这种认知偏差反映了家长对规则和是非的模糊理解，也使孩子缺乏明确的行为准则。

家长是孩子最初的规则引导者，其对是非的认知直接影响孩子对世界的理解。当家长对行为是否恰当没有明确态度时,孩子可能会认为这些规则是可有可无的。例如,晓安踢前桌椅子时,妈妈选择将问题归因于孩子不适应,而非直接指出问题所在,传递的信息是"只要理由充分,就可以不遵守规则"。长此以往,孩子可能难以理解哪些行为是不可接受的,以及为何要承担行为的后果。

其实,孩子在成长中天然需要界限感,因为规则和边界不仅是对行为的限制,更是安全感的来源。当孩子明白哪些行为是不可逾越的,他会感到生活是有秩序的,自己在社会和集体中的位置也更加清晰。而一味地宽容和放任,可能会让孩子失去这些重要的成长经验,使他逐渐产生"无论如何我都能被原谅"的心态,从而忽视自己的责任和行为后果。

自我中心的育儿误区

晓安妈妈的育儿方式具有明显的自我中心倾向,她很难接受他人(老师、家人等)的建议。她总是习惯于从自己的视角理解孩子的行为,认为孩子的每一举动都有其"特殊原因"。这种心态虽然源自对孩子的关爱,却忽视了一个重要的教育原则:行为不仅是个人的事情,还会影响周围的人。孩子在成长过程中,尤其需要通过家庭教育来学习如何与他人和谐相处,而这种能力在妈妈过度宽容的做法中逐渐受到忽视。

在孩子的早期教育中,父母的行为模式直接影响孩子的价值观和行为方式。当妈妈总是为孩子的错误行为找借口,替他辩护时,孩子会逐渐认为无论自己做什么,父母都会站在自己这一边,而不会考虑他人的感受。例如,晓安在课堂上踢前桌椅子,妈妈选择认为是孩子"适应期"过渡不顺,而不是让孩子意识到这种行为对他人造成了困扰。长此以往,孩子很难放弃这种"特殊待遇",他可能会在与同伴互动时,只顾及自己的需求，而忽视集体规则和他人的感受。比如，晓安在游戏中急于制订规则，而没有考虑到其他小朋友的需求，这种行为看似无心，实则显示了他对他人感受缺乏理解。

完美主义带来的过强防御

每次老师反馈晓安的问题时，妈妈都会感到焦虑和不安，她会下意识地认为，老师批评晓安是在质疑她作为母亲的能力。于是，她选择用辩护和合理化的方式保护自己，否定外界的意见。

这种情绪反应的背后是成为"完美母亲"的渴望与内心脆弱自信之间的矛盾。一方面，她希望自己能够做到完美无缺，希望通过无条件的爱来成为孩子的"好妈妈"；另一方面，她又害怕面对自己在育儿过程中可能的不足，担心一旦承认了问题，自己就会变得不够好。为了缓解这种情感上的冲突，她选择通过为孩子辩护和寻找借口的方式来保护自己免受外界评价的伤害，然而这种方式并不能解决问题，只会让她更加焦虑，甚至让她忽视孩子成长中真正需要关注的部分。

要打破这种循环，妈妈首先需要学会接纳自己并不完美的事实。承认自己在育儿过程中存在不足并不意味着失败，而是认识到这正是她成长和进步的机会。当妈妈能够从外界的反馈中看到提升和改变的可能时，她的内心防御就会减少，反而能更加冷静、理性地面对问题。这种心态的转变，不仅有助于妈妈更好地理解孩子的需求，还能让她与孩子共同成长。

低自尊带来的不安

晓安妈妈在育儿中表现出的另一个问题，是对孩子能力的低估。这种反应源于她对自己育儿能力的不自信,担心孩子面对困难时的失败会反映出她的能力不足。她下意识地把这种"做不到"的弱小感投射到孩子身上,认为孩子也无法应对挑战。这种不安其实与低自尊密切相关。

低自尊的妈妈往往对自己缺乏信任,总是担心自己不够"好"甚至"不合格",这种深层的自我怀疑可能来自过去的成长经历或内化的社会期望。在育儿过程中,她们容易将对自己的否定转移到孩子身上。她们担心孩子遇到挫折,因为这些挫折会被她们视为自己不称职的"证据",加剧她们对自己的负面评价。

例如,当晓安在围棋课上遇到困难时,妈妈没有鼓励孩子坚持,而是直接选择退课,认为孩子不适应。她这样做,表面上是为了保护孩子免于失败的挫折,实际上却是在避免自己面对可能的"失败感"。这种做法剥夺了孩子克服困难的机会,还可能让孩子渐渐习惯于回避挑战,认为困难是不可克服的。

要打破这种模式,妈妈需要先意识到自己内心的不安,并学会将这些情绪从孩子身上分离开来。同时,也要给予孩子足够的空间去试错,并接纳自己偶尔的失误,因为这些经历都是真实生活的一部分。

孩子责任意识的培养

在成长过程中,孩子需要逐渐意识到自己的行为是有后果的,而这种意识来自家长在关键时刻的引导。晓安的行为问题往往被妈妈"消化"掉了,这让孩子没有机会为错误承担实际责任,也让他逐渐形成了"犯错无所谓"的心态。实际上,孩子在犯错时通常是有意识的。他们知道自己做错了,并会悄悄观察大人的反应,从中判断父母的态度。如果父母表现出回避或纵容的姿态,孩子就容易得出"错误可以被掩盖"的结论。

例如，当晓安不听围棋老师的指令时，妈妈选择退课而不是帮助孩子面对问题。这种做法剥夺了孩子从错误中学习和改正的机会，长远来看，孩子可能会越来越回避责任，甚至有意识地犯错，只要知道父母会在背后为自己"善后"。在日常生活中，有些妈妈虽然也会生气，但情绪平复后还是会主动帮孩子解决问题；还有些妈妈在孩子犯错并被请家长后，过分关注孩子的情绪，一味地共情，无意中传递了纵容的信息。

为了帮助孩子培养责任感，家长需要在面对孩子的错误时保持坚定的态度，同时给予适当的支持。比如，当孩子作业没完成时，应该让他承担后果，接受老师的批评；如果在课堂上打扰同学，应该让他道歉。父母需要平和地告诉孩子，错误本身并不可怕，重要的是从中学到东西并努力改正。

养育主导权之争

苗苗的爸爸妈妈都是上班族，从苗苗出生起，奶奶便从老家过来帮忙照看孙女。奶奶觉得自己抚养了一双儿女，肯定比年轻父母更有经验，于是，她总是根据自己的经验安排苗苗的饮食、作息，还常常说："以前都是这么带的，孩子也长得挺好。"

然而，苗苗妈妈通过阅读育儿书籍和学习教育理念，力求采用更为现代、个性化的方式抚养孩子。她相信，尊重孩子的发育规律、情感需求，给予足够的关爱和陪伴，能够帮助孩子健康成长。这自然和奶奶的养育方式产生了分歧，尤其是在细节上。奶奶认为，妈妈的方式会把苗苗惯得太娇气，而苗苗妈妈则认为，孩子的需求要得到充分关注和照顾。

刚开始，苗苗妈妈并不想与奶奶发生冲突。毕竟，奶奶从老家过来照看孙女，是出于好意。尽管心里有些不同的看法，为了避免争执，她常常默默接受了奶奶的部分育儿观点。在许多生活琐事上，苗苗妈妈有时会选择顺从奶奶，尽管心里不认同，也没有表现出来。久而久之，苗苗妈妈开始感到自己在育儿上的话语权逐渐被侵蚀。她向丈夫诉说自己的不满和困惑，抱怨自己总是被迫妥协。

苗苗爸爸在夹缝中感到十分为难。一方面，他理解母亲的辛劳，知道她是为了减轻自己和妻子的负担，才从老家来照看孙女；另一方面，他也认同妻子对现代育儿理念的追求。妻子与母亲发生冲突时，苗苗爸爸会尝试调解，但他的表达方式往往从自我出发，经常让局面更加紧张。比如，他会对妻子说："妈年纪大了，咱也不能要求太高，她也不容易。"但这些话通常只会让妻子更加委屈："难道我很容易吗？我也得照顾家庭、工作，忙得不可开交。"

随着苗苗渐渐长大，新的育儿挑战接踵而至。奶奶曾是一名小学数学教师，她对苗苗的学习也有自己的看法。每当苗苗妈妈在辅导作业时，奶奶总会忍不住插话，甚至会当着苗苗的面表示反对。这让苗苗妈妈感到自己总是被否定，觉得自己的教育理念无法得到尊重。更让苗苗妈妈烦恼的是，孩子也开始感到困惑，不知道该听谁的。

有一天，苗苗放学后偷偷告诉妈妈："奶奶说你不会教我作业。"这一句话让苗苗妈妈感到非常愤怒，也让她更加深刻地意识到自己在家庭中的位置。她开始反思，虽然自己承担了大量的育儿责任，但在面对长辈的干预时，自己却难以坚持教育理念，心里充满了无力感和委屈。

家庭成员的角色定位不清晰

在很多祖辈辅助照料的家庭中，父母和祖父母的角色定位往往不够清晰，这导致家庭内部的边界变得模糊。理应由爸爸妈妈担任孩子的第一责任人，主导育儿工作，但现实情况是，这一责任并未完全落实到位。苗苗妈妈的困境就是一个典型案例。虽然奶奶从远方过来帮忙照看孙女，理应作为辅助性角色，但她的参与超出了"帮助"的范围，逐渐演变为主导性角色。

奶奶总是基于自己的经验安排苗苗的作息和饮食，虽然这些安排在奶奶的年代可能是"行之有效"的，但在现代，许多做法已经不再适用。而苗苗妈妈虽然有自己的育儿方法，却由于不愿与奶奶发生冲突，选择默默接受奶奶的意见，逐步让渡了自己的话语权。她不敢明确表达自己的需求，这对她来说是一种心理负担。她觉得自己如果明确划定边界，可能会引发矛盾，伤害到奶奶的情感。结果是，苗苗妈妈在长时间的压抑中，意识到自己已经失去了很多主动权，甚至产生了无力感。

这种情况并非个例，很多年轻父母在面对长辈时，常常不知如何明确划定自己的育儿边界，尤其是在没有得到足够支持的情况下。角色的模糊和边界的不清晰，使父母在育儿过程中时常感到自我被压制和侵蚀。

丈夫在两难关系中的心理困境

在很多家庭中，丈夫往往面临着在妻子和母亲之间调和的困境。以苗苗爸爸为例，他既理解母亲的辛劳，也认同妻子在育儿上的理念，然而，他在处理婆媳冲突时，常常陷入两难的境地。这种困境的根源，往往在于许多男性在心理上未能完成与母亲的分离（心理学上称为"未完全分化"）。这意味着他们在心理上仍然过度依赖母亲，其至在婚后，也难以完全将妻子视为"家"的核心，始终觉得母亲和妻子都应占据重要地位。

在面对妻子和母亲的冲突时，苗苗爸爸往往觉得自己是"夹心饼干"，一方面想支持母亲，另一方面又要顾及妻子的感受。苗苗爸爸会出于好意对妻子说："妈年纪大了，咱也不能要求太高，她也不容易。"但从妻子的角度听来，这种说法不仅缺乏对妻子实际困难的理解，还显得妻子的问题被轻描淡写，反而让她感到更加委屈和无助。

应当明确，夫妻关系是家庭系统的核心，这不仅是情感的需求，也是家庭稳定的基础。但现实生活中，许多男性并非出于恶意让母亲"越位"，而是因缺乏对自我角色的清晰认知，或是在情感表达中力不从心，才让妻子感受到"被放在次位"。

值得强调的是，丈夫的态度往往对家庭的边界感建构起决定性作用。婆媳之间的许多误解，实则源于"儿子"的立场模糊。如果丈夫能温和而坚定地表达自己对妻子的支持，同时给予母亲充分的尊重与共情，就能在关系中建立起一种"既不偏袒，又有立场"的中介力量。比如，丈夫可以在日常生活中多从情感层面照顾母亲，常买些母亲喜欢的食物、留意母亲的情绪波动，或在孩子面前多提及奶奶的辛苦，让老人感受到这个小家对她的在意。与此同时，丈夫也需要在关键问题上清晰表达对妻子的支持，让母亲明白这不是对她的否定，而是家庭代际角色的自然演变。

当老人看到儿子态度明确，又不失温情，往往也更容易适可而止，回归辅助角色。丈夫在这种调和中扮演的，既是桥梁，也是"边界维护者"。他的一言一行，决定了家庭内部关系的平衡，也决定了妻子的归属感是否稳定持久。

寻求适合双方的沟通之道

在信息时代,信息传播的便捷性为缓解隔代育儿的冲突提供了新的可能。年轻父母可以借助手机应用、短视频平台和社交媒体,巧妙地将现代育儿理念与长辈的传统智慧融合,让观念的传递变得更自然、更温和。比如,苗苗妈妈可以不直接"讲道理",而是选取一些语言亲切、案例真实、情节贴近生活的短视频,推荐给奶奶观看。她可以说:"妈,我看到这个视频挺有意思的,讲得特别像我们家的情况,发您看看?"同时,还可以引导奶奶关注一些自己认可的育儿博主或公众号。随着她浏览相关内容的增多,算法会自动推荐类似的文章和视频。久而久之,信息环境本身就会为奶奶构建一个更贴近现代育儿观念的"信息场"。这比一味地说教来得更有效,也更具可持续性。这样一来,不仅避免了"你错我对"的对立情境,也让奶奶在轻松的语境中逐步接触并理解新的教育理念。

此外,合理的家庭分工同样重要。苗苗妈妈可以将育儿中的一些核心决策权逐步收回,而将奶奶擅长、愿意承担的部分工作安排得更明确,例如准备饮食、整理房间或陪伴游戏。这样一方面给予了奶奶实实在在的角色认同感,另一方面也减少了奶奶在育儿方法上的过度介入,家庭边界更加清晰,彼此更易相处。

从心理调适的角度看,父母在面对育儿冲突时,往往在情绪上经历压抑、无力甚至自我怀疑。正念养育作为一种觉察与接纳的方式,能帮助父母识别自己的真实感受,而非一味隐忍。当父母意识到自己正在逐渐丧失育儿话语权时,正念鼓励他们用平和但坚定的方式表达立场,而不是回避或正面冲突。同时,正念也引导父母理解长辈的立场和情感背景,避免陷入情绪对抗。

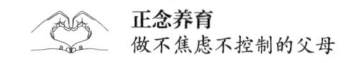

通过信息分享、社交引导与正念觉察，年轻父母可以在保持尊重的前提下逐步实现理念更新和权责重建，让每一个家庭成员都能在这个小家中找到属于自己的位置和价值。

总的来说，在隔代育儿的情境中，父母和长辈的角色定位不清晰常常会引发冲突。正念养育通过帮助父母觉察自己的情绪和需求，能够有效识别负面情绪的积压，避免边界不清。当父母意识到自己在与长辈的互动中失去话语权时，正念促使他们冷静地表达自己的育儿理念，同时尊重长辈的经验。通过这种方式，父母可以更清晰地界定自己的角色，减少压力与矛盾，从而提升家庭关系的和谐与亲密。

> **指引** 如何利用正念养育提升情绪觉察与疗愈，将在第四章"正念养育之自我疗愈"中讨论。

信息时代的育儿挑战

东东是小学三年级的学生，期中考试三科都有了进步，数学成绩尤为突出，史无前例地考了96分。爸爸妈妈为此特别高兴，周末带着东东和妹妹虹虹去餐厅庆祝。妹妹虹虹才上幼儿园小班，正活泼好动。等位时，她开始乱跑，兴奋地大声说话，甚至有些吵闹。妈妈见状有些焦虑，担心会影响到其他客人，便赶紧拿出手机打开儿歌动画让妹妹安静下来。爸爸则低头忙着回复工作信息，完全没注意到周围的情况。

终于坐下了，刚上菜时，东东看到桌上丰盛的饭菜，迫不及待地准备吃饭。然而，妈妈忙着拍照，一遍遍调整拍摄角度，要求东东和虹虹配合拍摄,拍各种角度的菜肴和孩子们的笑脸。东东催促道:"妈妈,我好饿,能不能先吃饭?"但妈妈没有立刻放下手机,而是继续拍照,直到照片满意才停下来。吃饭时,东东想起妈妈答应过,如果考试有进步,就可以回家玩平板。于是他问:"妈妈,我这次考试有进步,回家能不能玩平板?"妈妈心想着东东确实努力,便答应了:"回家后你可以玩30分钟。"东东顿时高兴起来,赶紧加快吃饭的速度,急切地催促:"我们快点回家吧!"

回到家,东东立马拿起平板,沉浸其中,表情兴奋而专注。爸爸躺在沙发上刷起了短视频,而妈妈则迫不及待开始修图、美化照片,然后专心编写朋友圈方案。发完朋友圈,妈妈抬头瞄了一眼其他人,发现爸爸在玩手机,便不满地说:"你也不管管虹虹,看看她在干什么。"爸爸随口应答:"好,好,知道了。"然后走过去陪妹妹玩了几分钟玩具,没过多久,又把注意力转向了手机上的短视频,继续沉浸在屏幕世界中。

算法推送与信息成瘾

信息时代,网络传媒利用智能算法为用户定向推送内容产品。从积极的角度来看,这种算法推送技术帮助人们迅速获取自己感兴趣的信息,无论是学习资源、娱乐内容还是社交动态,给生活带来了极大的便利。对于父母来说,智能设备和网络信息为他们提供了便捷的学习、工作和休闲方式。而对孩子们而言,作为"互联网原住民",他们天生对这些技术充满适应性,能够轻松接触到丰富的数字世界,拓宽了他们的知识视野和兴趣领域。

然而,信息的过度涌入也带来了不少挑战。尽管现代科技为我们提供了便利,但也让我们陷入了无尽的屏幕和信息流之中,难以自拔。对于父母来说，过度依赖手机和智能设备使他们无法专注于孩子的需求和与家庭成员的情感交流，亲子互动和夫妻沟通的机会变得越来越少。同样，孩子们在接触大量信息的同时，也可能忽视了与家人面对面的交流。信息成瘾可能导致家庭关系的疏远。信息流的持续轰炸让家庭成员难以找到真正的连接点，取而代之的是表面的互动和孤独感的加剧。

低头现象：屏幕时代对家庭关系的隐性影响

在这个信息时代，越来越多的家庭成员沉浸在各自的屏幕世界里，父母低头看手机或平板，孩子们也深深沉浸于电子产品的世界。这种低头现象不仅影响了亲子之间的互动，还潜移默化地改变了家庭的沟通模式。孩子们习惯于通过电子设备来获得安慰和娱乐，逐渐将对温暖亲情的渴求转化为对屏幕上即时反馈的追逐。而父母在沉浸于手机和社交媒体时，也错失了与孩子建立深层次情感连接的机会，无法及时关注孩子的内心世界和情感变化。由于手机和社交媒体的诱惑，父母与孩子之间的互动逐渐变得表面化、碎片化，情感的深度和质量大大下降。

更为深远的影响在于，这种低头现象可能会影响到孩子未来的情感发展和社交能力。长期依赖电子设备获取安慰和奖励，可能让孩子错失学习如何处理情感和建立人际关系的机会。孩子在这种环境中逐渐培养出对电子产品的依赖，而对家庭关系的认知和感知变得模糊。对于夫妻来说，当双方都沉浸在自己的屏幕中时，亲密关系的疏远往往悄然发生。彼此的需求被屏幕替代性满足，沟通的渠道被切断，感情的疏远不知不觉地加深。

父母利用电子设备推卸养育责任

依赖电子设备的做法,实际上背离了"陪伴"的本质。许多父母在面对孩子的需求时,选择用手机或平板来快速解决问题,好让孩子安静下来或转移注意力。比如,妈妈看到虹虹在餐厅里乱跑、吵闹,便拿出手机播放儿歌动画,让虹虹安静下来。这种做法看似简便,能暂时缓解育儿压力,但没有真正满足孩子对情感陪伴的渴望。陪伴不仅是物理上的在场,更是情感上的连接和互动。当父母将手机或平板作为安抚孩子的工具时,亲子之间的深度沟通和情感纽带往往被忽视。孩子们需要的,不仅是静下来的表面安宁,更是父母的关注和爱,而这些是电子设备无法给予的。

父母对电子设备的过度依赖,某种程度上是一种情感的"逃避"。在忙碌和压力面前,许多父母可能会感到力不从心,想要暂时放松自己,便选择用电子设备来分散孩子的注意力。这种做法,虽然可以暂时减轻育儿过程中的一些压力,却忽略了与孩子建立亲密关系的核心——情感投入。长期下去,父母可能不自觉地让电子设备成为育儿的"替代品",忽视了给予孩子成长所需要的温暖和关怀。每位父母在育儿的过程中,都有自己的艰难时刻,这时依赖电子设备可能会带来短暂的轻松感。但我们也要意识到,真正的陪伴,正是那些看似平凡却充满温情的瞬间。孩子的成长需要我们不仅是身在场,更是心在场。

通信发达导致工作与生活界限模糊

随着通信技术的迅猛发展,我们工作与生活的界限变得越来越模糊。许多父母在非工作时间也会不断接收到工作信息,习惯性地查看微信、邮箱等，甚至在本该专心陪伴孩子的时刻，工作相关的内容依然会打断他们的注意力。这种无形中的"在线"状态，虽然出于责任感和工作需要，却让父母的注意力分散，影响了与孩子之间的亲密互动。在家庭聚会、亲子时间等宝贵时刻，父母的情感和精力未能完全投入，孩子也可能因此感到某种程度的孤单。

这一现象的背后，折射出父母在现代社会中面临的多重角色冲突。尽管他们有心陪伴孩子，但工作的压力和通信工具的干扰使他们难以全身心投入到亲子互动中。在家庭和工作之间找到平衡的确是一件困难的事，我们不需要自责，毕竟每个人都有自己的角色与责任。重要的是，要通过自我觉察和做一些小小的调整，逐步找到陪伴孩子和应对工作的平衡点，避免让工作过度侵占家庭生活，有意识地逐步恢复与孩子的情感连结，创造更多有质量的亲子互动时光。

总的来说，在信息爆炸和算法推送的影响下，父母和孩子常常被电子设备分散注意力，失去真实的情感联系。正念养育能帮助父母提高对当下的觉察，减少对手机和其他电子设备的依赖，增强家庭成员之间的互动与沟通。父母通过正念养育练习能够更加专注于孩子的需求，减少不恰当的情绪反应，提升耐心和同理心，从而建立更加健康的亲子关系。

此外，正念养育还可以帮助父母更好地管理工作与生活的边界，避免将工作带入家庭，打断亲子时间。通过练习，父母不仅能够提升自己的情绪调节能力，还能为孩子树立榜样，帮助孩子培养专注与情绪管理的能力。正念养育在家庭生活中的应用，可以帮助家庭成员更好地连接彼此，减少电子设备对亲情的侵蚀，促进家庭关系的和谐与健康发展。

> **指引** 如何利用正念养育保持在信息洪流中的自我觉察及对孩子的觉察，将在第四章"正念养育之自我疗愈"中讨论。

孤独的育儿之路

辉辉的爸爸和妈妈都是公司职员，近年来经济环境不景气，爸爸换了一份收入更高但工作强度更大的工作，需要频繁出差和参加应酬。家里的很多事情自然落在妈妈身上。这天，爸爸刚结束出差，拖着疲惫的身体回到家。辉辉听到开门声，兴奋地冲过来抱住他："爸爸，今天还跟我摔跤吗？"

爸爸揉了揉他的头，笑着说："摔跤是吧？行，爸爸先歇会儿，晚上就跟你比比看！"辉辉点点头，乖乖去房间玩了。

晚饭后，父子俩开始在床上"搏斗"。辉辉大喊："看我的绝招！"爸爸也不甘示弱，假装用力一推："你逃不掉了！"父子俩的笑声充满了整个房间，连厨房里忙着收拾的妈妈也忍不住笑了："你俩别把床板弄坏了！"

虽然爸爸很努力地参与家庭生活，但有些细节还是时常疏忽。比如，第二天学校组织亲子活动，妈妈在睡前提醒他："明天别忘了和辉辉一起做手工，老师说活动时家长得配合孩子完成。"

爸爸一愣："哦对，这事我还真没记住，多亏你提醒。"

妈妈笑了笑，说："我知道你忙，有时候顾不上这些，但孩子盼着呢，你记得就好。"

爸爸点点头："放心，明天我准时。"

虽然有时候爸爸在家务事上需要提醒和帮助，但妈妈没有怨言。她心里清楚，爸爸不是不上心，只是有太多事情分散了他的注意力。他的努力和主动承担，妈妈看在眼里，辉辉也感受得到。

而齐齐爸爸却是完全不同的风格。下班后，他习惯性地钻进书房打开电脑，进入自己的游戏世界。

"爸爸，我今天做了一个手工作品，你要看吗？"齐齐小心翼翼地捧着自己的作品站在书房门口。爸爸头也不抬地应了一声："嗯，放桌上吧，待会儿看。"齐齐失望地垂下头，走到客厅对妈妈说："爸爸又不看……"

齐齐妈妈不满地叹气："又是这样。"

晚饭后，齐齐在客厅摆积木，偷偷瞟向爸爸的房间，放下手中的积木，跑过去站在爸爸身后看他打游戏。爸爸点燃一根烟，屏幕上的画面光影交错，浓浓的烟雾弥漫在房间里。

不久后，妈妈做完家务走进书房，看见父子俩一大一小都盯着电脑屏幕，烟味弥漫，她顿时火冒三丈："你打游戏就算了，还让孩子看！"

爸爸不耐烦地关掉电脑："你吼什么？一天到晚就知道吼。"

妈妈继续大声说道："学校让家长明天带亲子手工，你到底管不管？"

爸爸不耐烦地说："这种小事不是一直你管吗？"

妈妈的火气一下子涌上来："我管得还不够多？你是孩子的爸爸，不是甩手掌柜！"

在她的怒斥下，爸爸不情愿地挪到餐桌旁，提出了一些自己的想法，但每一个提议都被齐齐妈妈否定了："这样会不好看。你这样做，孩子不喜欢。"爸爸几次尝试后，感觉自己怎么做都不对，最终无奈地放下手工，说："行行行，你们弄吧，我困了。"

齐齐看着未完成的手工，眼里流露出失落。妈妈深吸一口气，强压住情绪，说："齐齐，没事，妈妈陪你做！"

女性的无形付出与社会期待

在当今社会，无论是职场妈妈还是全职妈妈，都在面对家庭与外部责任的重压。职场妈妈在职场和家庭之间奋力平衡，而全职妈妈则在家中承担几乎所有的育儿和家务责任，这种不被看见的辛劳常常让她们感到沉重。社会普遍期待女性扮演家庭的"守护者"和"照顾者"，但这种责任往往没有得到应有的支持和认同。

以辉辉的妈妈为例，尽管她在职场上努力工作，回到家后依然要承担大部分育儿和家务责任。辉辉爸爸常常出差，回到家后虽然也会参与家庭事务，但更多是依赖妻子的提醒。尽管辉辉爸爸愿意陪伴孩子，但由于工作和生活的重压，他往往忽略了自己的育儿责任。辉辉妈妈深知，丈夫并非不愿意承担责任，只是长期以来，家庭事务并未引起他足够的关注。她并不抱怨，而是默默承担着，这种无声的支撑，成了她生活的一部分。

对于全职妈妈，齐齐妈妈的情况也很常见。齐齐妈妈全身心投入到家庭和孩子的照顾中，但齐齐爸爸常常沉浸在自己的世界里，玩游戏、处理个人事务，几乎不关心家里的事情。即使齐齐渴望爸爸陪伴，爸爸依然不愿意放下自己的兴趣。齐齐妈妈并非不想让丈夫参与育儿，而是发现丈夫缺乏主动承担责任的意识，认为这些事情并不值得过多投入。每次提醒丈夫时，齐齐妈妈都带着无奈和失望，因为她明明希望丈夫能多关注孩子的成长，却常常感到对方的冷漠与不配合。

这种不均衡的家庭分工和资源分配，实际上反映了社会对女性角色的期待远远超过了实际支持。女性不仅要在家庭中扮演多重角色，还要在职场中证明自己的价值。而男性从小到大的成长环境中缺乏父亲角色的榜样，他们并没有意识到，育儿不仅是母亲的责任，自己同样能为孩子的成长作出贡献。在某些家庭中，男性即便不是故意不参与，也缺乏主动分担责任的意识。

夫妻之间的互动与育儿中的挑战

夫妻在育儿上的合作并不是一件容易的事，尤其是当他们面临着各自不同的育儿观念和角色期望时。女性对孩子的照顾和教育往往充满责任感，希望孩子能够得到最好的指导和陪伴。这样的责任感和关注常常让她们不自觉地去干预丈夫的育儿方式。她们可能觉得丈夫的做法不够细致，或者没有充分照顾到孩子的情感需求，从而让男性感到自己在育儿中的角色被忽视或排斥。长此以往，男方可能觉得自己在家庭中的地位越来越不被重视，这种无形的距离感可能让他们的参与热情和动力减少。

在齐齐家的例子中，齐齐妈妈在育儿过程中展现了强烈的责任感，尤其在亲子手工活动中，她不仅希望爸爸能参与，还期望爸爸的参与能够达到她的标准。然而，每当齐齐爸爸提出自己的想法时，妈妈总是给予否定，爸爸几次尝试后，逐渐失去了信心，最终选择放弃。这样的互动反映了夫妻双方在育儿中的角色认知差异，这种差异往往根植于传统的性别角色分配和社会期望。

齐齐爸爸从小到大的家庭环境中，通常是母亲主导育儿，父亲承担主要的经济责任。这样的分工让他习惯了在育儿中处于"旁观者"角色，并没有意识到自己可以在孩子的成长过程中扮演更积极的角色。而齐齐妈妈则因为对孩子的责任感，希望一切都能做到完美，这种完美主义常常让她过度干预爸爸的育儿方式，导致两人在育儿中的冲突加剧。

为了避免这种情况的发生，夫妻双方可以尝试一种"责任承包制"的方式，将任务明确分配给某一方，让其全权负责。通过这种方式，爸爸和妈妈都能感受到自己在育儿中的参与感和责任感，同时也能更好地发挥各自的优势。如果爸爸擅长与孩子互动，可以把更多的陪伴任务交给爸爸；如果妈妈善于安排和组织，可以将一些日常安排和出行规划交给她。此外，当其中一方完成任务时，及时给予鼓励和认可，提升双方在家庭中的参与感和责任感。

理想关系与现实期待的平衡

在关系中，理想与现实之间常常存在着一条不小的鸿沟。我们对伴侣往往有一些理想化的期待，渴望他们在各个方面都能符合我们的标准，特别是在情感、家庭责任和育儿等方面。然而，这种理想化的期待常常来源于我们对自己需求的投射，而不是基于对方的真实感受或能力。

男性和女性在这方面往往会表现出不同的倾向。女性通常在情感上更加细腻，容易向内探索，并对自己和伴侣有更高的要求。她们可能期待伴侣能够在育儿和家庭责任上更加积极参与，而这种期望如果没有得到回应，就可能带来失望和不满。而男性则可能更关注外部事务，如事业成就或经济支持，这使他们在家庭和情感沟通上显得较为被动，难以满足女性对情感和责任的需求。

这种理想化的幻想是非常普遍的，且不只出现在一方身上。很多时候，我们并没有真正接受伴侣是一个与自己性格、喜好和能力都不同的人。我们可能会从自己的角度出发，幻想他们能完全契合我们的心意，忽略了差异本身也是关系的一部分。这种对完美匹配的幻想源自尊重与自我中心的问题。如果我们不能真心接受彼此的差异，就很难真正尊重对方，只会陷入单方面的索取。

为了在现实生活中找到平衡，夫妻双方需要学会放下这些理想化的期待，理解彼此的不同，并尊重双方在性格、能力和情感表达上的差异。只有相互接纳和尊重，才能在共同成长的过程中建立更加和谐的关系。

> **指引** 如何利用正念养育提升情绪觉察与有意识沟通，将在第四章"正念养育之自我疗愈"中讨论。

二孩带来的连锁压力

毛毛今年7岁，上小学一年级，弟弟豆豆4岁，上幼儿园小班。虽然家里有老人帮忙，但大部分时间还是妈妈在操心两个孩子。

有了弟弟后，家里的开销不断增加，特别是在教育和生活必需品上的支出，这让妈妈倍感压力。她总是严格控制每一笔支出，尽量把钱"花在刀刃上"。为了控制开销，她甚至不得不放弃一些自己想买的小东西。

弟弟出生的头一年，妈妈几乎没有喘息的机会。她白天忙着照顾豆豆，晚上还要喂奶、换尿布，常常刚哄睡弟弟，又被毛毛叫醒："妈妈，陪我玩一会儿，好不好？"毛毛那时才3岁，正是最需要妈妈陪伴的时候，但妈妈将更多的时间放在了弟弟身上。有时候，毛毛干脆故意弄出响声，把好不容易睡着的弟弟吵醒。弟弟哇哇大哭，妈妈急忙哄抱，语气焦急地对毛毛说："声音小一点，没看到弟弟刚睡着吗？"毛毛倔强地瞪着妈妈，喊道："我不喜欢弟弟！"

有一次，毛毛从幼儿园带回感冒病毒，连豆豆也被传染。两兄弟轮流哭闹，喊着要妈妈。家里一片混乱，妈妈疲惫地穿梭在两个孩子之间，测体温、喂药、换湿毛巾。孩子们生病的那几天，妈妈白天黑夜连轴转，连吃饭都变成了奢侈。

毛毛上小学后，学习任务增加了，可豆豆总是喜欢在哥哥做作业时捣乱。毛毛专心写作业时，豆豆就跑过来抢笔，或者把作业本撕坏。毛毛气得大喊："豆豆，你别来烦我！"豆豆不甘示弱，哇哇大哭。两个孩子吵成一团，打得不可开交，妈妈只能丢下手里的活赶过来把两人分开，又气又累地喊："你们能不能安静一会儿？"可还没过多久，另一场争吵又开始了……

老大的"退行"行为

在二孩家庭中，老大常常会表现出一些退行行为，比如会变得更黏人，或者在行为上变得更加幼稚，甚至故意制造麻烦。这些行为不意味着孩子变得不懂事了，而是他们感觉到自己的位置受到威胁，用这种方式寻求情感的慰藉和安全感。

弟弟豆豆出生后，毛毛开始变得更加依赖妈妈。以前他能够独立做的事情，现在却需要妈妈的帮助。每次妈妈在照顾弟弟时，毛毛就会趁机要求："妈妈，你能陪我玩一会儿吗？"有时候，毛毛甚至会故意发出声音，打扰弟弟的睡眠。这种行为并不是毛毛有意捣乱，而是他希望能得到更多的陪伴和关注，害怕妈妈的所有注意力都被弟弟占据。

面对毛毛的这种行为，妈妈可以尝试去理解他的情绪和心理需求，然后告诉他，有需求可以表达，爸爸妈妈会尽量满足，故意捣乱不是好方法。妈妈也可以让毛毛参与到照顾弟弟的过程中，给他一些简单的任务，比如让毛毛帮忙拿尿布或者给弟弟讲故事，告诉他："你是哥哥，可以帮助妈妈照顾弟弟。"这样，毛毛不仅感受到自己在家庭中的重要性，还能通过这种方式建立起对弟弟的关爱，而不是产生排斥情绪。

手足间的互助与"串通"

小刚今年10岁，上四年级，妹妹小美7岁，刚上一年级。小刚是个典型的小暖男，总是主动关心妹妹，经常让着她。而小美虽性格较为霸道，但非常依赖哥哥，什么事都想和哥哥一起做，甚至把哥哥当作自己的"保护神"。两人关系一直很要好，妈妈也很欣慰。

然而，最近妈妈发现，兄妹俩有了些"联手"的迹象。一天，妹妹不小心弄坏了妈妈的鼠标，妈妈询问时，兄妹俩"默契"地谁也不承认。面对这种情况，妈妈感到有些无奈，只能要求他们商量好后再给她答复。渐渐地，妈妈开始觉得孩子们似乎在有意挑战她的权威，而她又束手无策。

除了这种"默契"，兄妹俩的生活习惯差异也让妈妈感到头疼。尤其是饮食方面，两个孩子的口味完全不同。每次做饭时，妈妈总是绞尽脑汁想着兼顾他们俩的口味，但无论如何做，总不能完全满足两个孩子的胃口。

在教育方面，爸爸和妈妈的理念也存在差异。爸爸认为男孩子应该"粗糙一点"，鼓励小刚要有男子气概，凡事要让着妹妹；而妈妈则认为，这种做法有些不公平，如果妹妹做错了事，哥哥不应该一味忍让。夫妻俩因此偶尔会就教育理念发生小小的争执。

除了教育理念的分歧，孩子们的课外辅导班接送也是一个不小的难题。哥哥小刚现在在学编程、英语和篮球，而妹妹小美则学习古筝、美术和舞蹈。每到周末或寒暑假，爸爸妈妈便开始忙着安排接送工作。一边送小刚去编程班，一边又得赶去接小美下古筝课……尤其是在寒暑假，两个孩子的课程安排格外紧凑，几乎没有时间停下来休息。

在二孩家庭中，孩子们在面对父母时，常会表现出"联手"的倾向，比如相互掩护、不肯承认错误，甚至试图以一致的立场挑战父母的权威。遇到这种情况，家长首先要保持冷静，不能被孩子们的"联盟"激怒，焦点应始终放在事情本身，而不是情绪上。教育孩子时，关键是对事不对人！

小刚想替妹妹小美隐瞒错误，背后反映的是他强烈的保护欲。小刚性格温和，总是照顾妹妹，他可能觉得作为哥哥，保护妹妹免于责罚是自己的责任。小美依赖哥哥，两人之间的亲密关系无疑是值得欣慰的，但这种"掩饰"行为也需要引导。孩子们需要明白，保护亲人不等于帮她逃避责任。

妈妈可以平静地告诉孩子们："鼠标坏了肯定是有原因的，妈妈并不是想责怪谁，而是希望你们能勇敢地告诉我事情的经过，我们一起找到解决办法。"这样的表态能让孩子们明白，妈妈关注的是解决问题，而不是指责谁。

如果孩子们仍然保持沉默，妈妈可以继续说："我知道你们担心妈妈会生气，但如果你们说了实话，妈妈保证不会生气。我们不是要怪谁，而是希望弄坏鼠标的人能告诉我们，它是怎么坏的，这样才能避免以后再发生同样的事。"这种理解和包容的语气能够让孩子感到安全，尤其是 10 岁的小刚，可能会因此受到触动。

如果小刚最终坦白了，妈妈可以说："谢谢你告诉妈妈真相，妈妈知道你这么做是因为你想保护妹妹，你是个好哥哥。但真正的保护是帮助妹妹学会面对自己的错误，而不是帮她隐瞒。"对于小美，妈妈可以温柔地说："弄坏东西后我们要想办法解决，但不能逃避责任，让哥哥替你隐瞒是不对的。"

接下来，妈妈可以帮助孩子们学习承担责任，比如一起去修理鼠标，或者用零花钱分担购买新鼠标的费用。让孩子们体会到行为的后果，也能激发他们珍惜物品的意识。

最后，妈妈可以用积极的方式帮助孩子们重新理解"兄妹联手"的意义："你们是兄妹，可以一起面对问题，一起找到解决办法，而不是一起逃避问题。这样才是真正的团结。"

通过这样的引导，孩子们会逐渐明白，虽然互相帮助是好事，但诚实和责任感更为重要。这样不仅能使兄妹之间的关系更加健康，也能帮助他们建立起应对问题的正向态度。

成人之间不同教育理念的融合

在育儿过程中，夫妻间教育理念存在差异是常见的，尤其是在二孩家庭中，随着孩子们年龄的增长和个性的发展，这种差异可能变得更加明显。

爸爸认为男孩应该"粗糙一点"，更注重培养小刚的独立性和责任感，尤其希望小刚能够承担哥哥的角色，照顾妹妹；而妈妈则更加注重公平与关爱，强调孩子们应在一个温暖和支持的环境中成长。这种差异不仅反映了父母在育儿观念上的不同，也体现了他们对孩子成长的不同关注点。

父母的教育理念会深刻地影响孩子的情感发展和行为模式。如果过分强调男孩要"粗糙"，可能会无意中给小刚施加不必要的压力，特别是在情感表达方面，小刚可能会压抑自己的情感，觉得自己作为哥哥必须承担更多责任，导致他在面对妹妹的过失时也替她遮掩。而过分强调公平与柔和，则可能使小美在某些方面缺乏足够的责任感和独立性，尤其是在面对错误时，她会依赖哥哥来"保护"自己，缺乏自我反思和成长的机会。

尽管爸爸和妈妈在教育理念上有所差异，但这并不意味着两者不能并存。事实上，父母的不同理念为孩子们提供了更为丰富的教育视角和成长机会，关键在于如何通过沟通找到一个适合的平衡点。夫妻双方可以共同商定一些教育规则，例如在面对孩子的冲突时，既要支持哥哥的责任感，又不忽视培养妹妹的独立性。这样，父母不同的教育理念，反而能为孩子们创造一个更具包容性的成长环境，帮助他们在多元的教育方式中汲取养分。

孩子之间规则差异化的平衡

在二孩家庭中，孩子们的成长需求往往存在差异。因为年龄差距，大宝和二宝在生活中的需求和目标自然不同，难免会互相比较。尤其是当大宝发现小宝得到特殊对待时，往往会变得更加敏感。

为了帮助孩子理解"公平不等于相同"，家里的规则可以分为两部分：核心原则和弹性规则。核心原则，比如尊重他人、不能伤害别人、承担自己的责任等，是家庭的底线，适用于每个孩子；弹性规则，如睡觉时间、零食数量、娱乐活动等，则可以根据孩子的年龄和发展阶段灵活调整。

比如，当大宝问："为什么妹妹（弟弟）总是不用自己穿鞋，而我要自己穿？"我们可以温和地对他说："妹妹（弟弟）现在还小，需要更多时间学习。你小时候我们也常常帮你，现在你长大了，已经可以自己做得很好了。而且你越快穿好鞋，我们就能有越多时间陪你一起玩。"这样的回应，既向大宝传递了对他成长的肯定，也帮助他理解，不同阶段有不同的需求和责任。同时，这也让小宝在潜移默化中明白，等他长大后，也要遵守相同的规则。

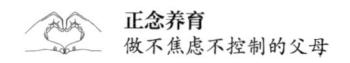

多方资源的平衡

在二孩家庭中，除了情感上的挑战，经济和人力上的压力也常常让父母感到吃力。面对孩子们多样化的需求，父母需要更高效地分配有限的时间和精力。

夫妻需要明确各自的分工与责任，以避免在忙碌中产生误解或互相埋怨。如果爸爸的参与感较弱，可以通过更明确的分工来鼓励他参与。如果爸爸对某些活动感兴趣，比如科技类的活动，可以鼓励他与孩子们一起参与，这不仅能增强他的育儿参与感，还能让他在家庭中找到自己的独特角色。

此外，建立与亲戚、朋友或邻里之间的互助关系也是一个非常有效的方式。比如，在接送孩子方面，家长们可以和其他家长合作，轮流接送，这样不仅能帮助孩子们在课外活动中获得锻炼，也能减轻父母在繁忙生活中的负担。

在经济支出方面，父母可以寻求更合理的安排。比如，在孩子的兴趣班选择上，可以根据实际情况优先选择那些对孩子的成长和发展更有帮助的课程，避免课程负担过重给家庭带来过大的经济压力。

> **指引** 关于利用正念养育助力孩子成长的具体方法，将在第五章"正念养育之重塑亲子关系"和第六章"正念养育助力孩子成长"中讨论。

养育孩子也关爱自己

以上案例剖析了当今常见的养育中的困境。几乎每个家庭都能从中看到"自己家"的影子,但每位家长又各有不同的困扰。在养育孩子的过程中,许多家长不自觉地将自己的需求完全置于孩子之后,逐渐迷失了自我。我们变成了"××妈妈"或"××爸爸",似乎养育者的角色成了我们的唯一标签,其他的部分都不再重要。孩子的成长和每一个小变化成了我们生活的全部焦点,甚至与他人的对话内容和朋友圈的分享,也几乎都围绕着孩子与家庭展开,而这种情况在妈妈身上尤为常见。

对于全职妈妈来说,生活空间似乎被彻底压缩了,所有的注意力和时间都奉献给了孩子。日常的衣食住行、兴趣爱好,甚至是朋友聚会,都需要围绕孩子的需求和家庭的安排进行调整。朋友聚会不再是出于自己的兴趣,而是因为孩子或家庭的需要。即便是那些属于自己的自由时间,也常常因为孩子的陪伴需求而选择放弃。当孩子在夜晚早早入睡时,母亲往往会感到无比自责,心里充满了对未能尽到完美母亲责任的懊悔。母亲的角色,渐渐变得不可逾越,任何一点偏离似乎都意味着对孩子的不负责。

职场妈妈的困境往往更为复杂。那些曾经期待的事业机会,如出差、学习、进修,常常因为孩子的需求而被迫放弃。她们在平衡孩子的需求与职业发展之间挣扎,内心充满了矛盾:为了孩子,她们甘愿牺牲自己的时间与梦想,但有时也会感到深深的失落与空虚,仿佛自己不再是那个充满活力、充满抱负的女人。而社会和家庭对母亲角色的期待,常常让这些职场妈妈更加压抑——她们面临着来自四面八方的不理解和不赞同,甚至是批评。外界的压力让她们产生了对自我的怀疑,甚至开始感到自己似乎已经无法平衡孩子的需要与个人的追求。

随着时间的流逝，许多妈妈逐渐忘记了如何关爱自己。在全心全意为孩子和家庭奉献的过程中，自己的情感和心理需求渐渐被遗忘。她们把所有的精力都投入到成为"完美母亲"中，却忘了自己也有独立的个性和需求。久而久之，这种自我忽视导致了情感的疲惫、焦虑，甚至是孤独感。她们开始怀疑自己是否还记得如何去关爱自己，是否还有机会去追寻自己的梦想和兴趣。

"××妈妈"标签与自我叙事的缺失

这种"自我的迷失"并非孤立现象，而是许多母亲在养育过程中面临的普遍困境。当一个女性在无私奉献中消耗自己时，她往往会忽视内心深处的渴望。她愿意为孩子倾尽所有，但在这一过程中，她也丧失了对自我内在需求的关注和关爱。母亲们被孩子的需求所主导，以至于忘记了自己也是一个独立的个体，有自己的兴趣、爱好和梦想。母亲们常常被社会赋予"××妈妈"的标签，似乎在她们的生活中，只有孩子的需求是重要的，而她们自己变成了满足孩子需求的工具，失去了独立的身份和声音。正念养育的核心在于觉察当下的自己，感知内心的真实情感和需求，学会关注自己的存在。母亲们通过正念的实践，可以重新找回自我意识，不仅作为"××妈妈"存在，还可以是拥有个人梦想与生活需求的独立个体。孩子的成长固然重要，但母亲也应有权利去关注自己，去追求自己的一部分生活。事实上，如此一来，母亲能更好地支撑和陪伴孩子成长，给孩子树立一个充满活力和正能量的榜样。

关爱自己并非自私，而是滋养孩子的源泉

许多母亲认为关爱自己是自私的，觉得如果花时间关注个人需求和兴趣，就是忽视了孩子的成长。然而，忽视自我关爱，最终会导致母亲能量的枯竭。母亲是家庭的支柱，是孩子生活中最重要的依靠，但如果母亲不断为孩子牺牲自己，忽视自己的情感需求，最终会感到疲惫、焦虑和沮丧。正念养育帮助母亲更好地理解自我关爱的必要性，它教会母亲通过觉察自己的情感和需求，理解关爱自己并非自私，而是为孩子提供更多支持的源泉。母亲需要意识到，当她们能够自我充实，感到满足和快乐时，才更有能力去给予孩子爱与支持。自我关爱的本质并非自私，而是通过满足自己的需求，充实自己的内心，从而在更好的状态下投入到养育中，陪伴孩子成长，教导孩子也学会自我关爱。只有滋养好自己，才能滋养孩子，赋予他们更多的正能量和爱。

自我关爱：自尊、自信与自爱的平衡

自我关爱不仅是物质上的满足，更是精神和情感上的滋养。它包含着自尊、自信与自爱的平衡。正念养育鼓励母亲在照顾孩子的同时，也学会照顾自己内心的需求。在自我关爱的实践中，正念帮助母亲意识到自己的情感波动，接纳自己的不完美，并在情感上给予自己空间与尊重。自尊是指对自我价值的认可，知道自己不单是作为母亲而存在，更是一个有独立思想和需求的个体。拥有自尊的母亲有信心平衡家庭与个人需求，不会因为过度自我牺牲而感到沮丧或不满。自信来自对自身能力的信任，母亲通过不断追求自我成长，既能在家庭中发挥作用，也能在事业或个人发展中实现自我价值。而自爱则是在情感和心理上的关怀，懂

得珍惜自己的情绪和需求。正念养育帮助母亲通过深度的自我觉察，理解自我关爱的真正意义，并在每一刻给予自己必要的情感滋养，最终实现内外的和谐平衡。

牺牲式养育的代价：如何避免内耗与情感透支

过度的牺牲会导致母亲在长期养育过程中感到精疲力尽，甚至出现情感透支。许多母亲的内心隐藏着"做得不够好"的焦虑和自责，认为只有无私奉献才能证明自己是一个好妈妈。然而，这种不断自我牺牲的行为，往往会带来情感上的内耗，母亲会感到空虚、疲惫和焦虑，甚至逐渐失去自我。正念养育帮助母亲意识到内在的情感需求，并教她们如何在日常生活中通过正念的觉察找到情感的平衡。通过正念的练习，母亲可以学会停止过度牺牲，为自己设立健康的边界，避免无尽的内耗。正念养育并非要求母亲完美无缺，而是提倡接纳自己的不完美，实现付出与自我关爱之间的平衡。母亲要理解，只有在照顾好自己的情感与需求后，才能更好地服务孩子与家庭，避免因过度牺牲而产生情感透支。

树立边界：自尊与尊重孩子的相互关系

没有自尊，尊重孩子也无从谈起。在为孩子和家庭付出的背后，许多母亲没有意识到她们对自己的需求缺乏尊重。无论是生活中的琐事，还是孩子的教育，母亲如果缺乏自尊，就无法建立起有效的边界。正念养育强调母亲通过觉察自己的情感和需求，建立起健康的边界。通过正念练习，母亲能够在生活中建立自己的情感空间，学会如何表达自己的需求，避免在养育过程中失去自我。尊重自己，并不意味着放弃对孩子的关心，而是在照顾孩子的同时，建立起健康的边界。通过设立边界，母亲能够在保护自己情感和心理健康的同时，也尊重孩子的需求和情感。在这种相互尊重的关系中，母亲能够为孩子树立正确的榜样，帮助孩子理解情感边界、尊重他人并维护自己的需求。正念养育不仅是母亲自我关爱的工具，也为亲子关系提供了更深层的理解和支持。

> **指引** 如何利用正念养育保持自我关爱的意识，将在第四章"正念养育之自我疗愈"中讨论。

第四章

正念养育之自我疗愈

在养育的路上,我们常常将所有的精力都倾注在孩子身上,却忽视了自己的状态。疲惫、焦虑、情绪失控……这些看似微小的波动,往往悄然影响着我们与孩子的关系,甚至让爱变得沉重而不自知。

正念提醒我们:养育的第一步是疗愈自己。当我们学会停下脚步,安抚自己的情绪,接纳自己的不足,用正念的方式关怀自己,内心才会变得更加柔软而有力量。无论是静静地坐下来练习,还是将觉察融入日常,正念都在帮助我们找到与自己的和解之路。

这一章,我们将从正念的自我疗愈开始,寻找属于自己的安宁时刻。这份内在的平静,将为我们与孩子之间更深的连接奠定基础,也为他们的成长注入更多的爱与智慧。

形成正念的态度和信念

育儿的每一天，都像是一面镜子，映射出我们的情绪、反应和内心的波动。有时，我们会为孩子的不听话而苦恼，有时又会为自己的一时失控感到愧疚。这些复杂的情绪，常常让我们感到疲惫，也让我们忍不住问自己：为什么育儿这么难？

其实，情绪感受是人类生理系统的一部分，是进化的遗产。理解这些机制，或许能让我们更温柔地对待自己，也更从容地面对孩子的成长。

情绪系统：威胁、驱动与满足感

在遥远的过去，人类的生活环境充满了不确定性。为了应对危险，我们的情绪系统逐渐形成了三大部分：威胁系统、驱动系统和满足感系统。

威胁系统是大脑里的"报警器"。它时刻监测着周围的环境，提醒我们注意潜在的危险。当孩子突然跑向马路，我们立刻大声喊住他，这就是威胁系统的迅速反应。它是我们保护孩子的重要工具，但如果长期被激活，我们可能会变得焦虑，甚至对日常的小事也感到不安。

驱动系统则是推动我们前进的力量。它让我们的祖先去寻找食物、建造庇护所，也让我们今天努力工作，为孩子创造更好的生活环境。这种追求让人充满动力，但当驱动系统过于活跃时，我们可能会忽略自己的需求，甚至陷入一种"永远不够"的状态——孩子的成绩还可以更好，我还可以更努力一些。

与这两者相比，满足感系统显得格外安静。它是内心的"避风港"，让我们在爱的关系中感到温暖和平静。想想那些温柔的时刻：孩子伸出小手抱住你的那一瞬间，或是你们一起安静看书的夜晚，这些情景唤醒了满足感系统。然而，在繁忙的日子里，我们很容易忽视它，总觉得有更多重要的事情要去做，殊不知，这种温暖的连接对我们和孩子来说同样重要。

依恋：情绪系统的深层纽带

情绪系统不仅影响我们的反应，还深深地根植于亲子关系之中。这种关系有一个名字：依恋。

从孩子出生的那一刻起，他们就在寻找一种情感上的安全感，而父母正是这种安全感的来源。每当孩子摔倒、哭泣或者需要帮助时，他们的第一反应是跑向我们。对于孩子来说，父母是他们的"安全基地"，而我们的反应会塑造他们对这个世界的基本信任。

然而，当威胁系统主导我们的情绪时，这种联结可能会被削弱。比如，当孩子因为小事哭闹时，我们可能会下意识地训斥他们"别哭了"，或者急于用某种方式让他们"停止麻烦"。但在孩子眼中，这样的回应可能被解读为"不被理解"或者"不够安全"。

如果我们能激活满足感系统，用一种更温和的方式去回应，依恋的纽带会更加稳固。例如，面对孩子的哭闹，我们可以蹲下来，轻声问："宝贝，发生什么了？妈妈在这儿，告诉我吧。"这样的回应，不仅让孩子感受到我们的接纳，也在他们内心种下了安全感的种子。

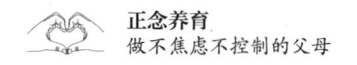

正念：重建平衡与连接

正念能够帮助我们打破情绪自动反应的循环，重新找到育儿过程中的平衡。它不是一种"控制情绪"的技巧，而是一种觉察的力量，让我们学会在情绪汹涌时慢下来，用更清晰、更平和的方式回应孩子和自己。

暂停的力量：从反应到回应

当孩子的行为让我们感到焦虑或愤怒时，情绪往往会迅速涌上心头，驱使我们立刻采取行动，比如责备、训斥或者试图"纠正"孩子的行为。这种反应可能是出于保护孩子的本能，但往往没有经过深思熟虑，甚至可能伤害亲子之间的连接。

正念练习的第一步，就是学会暂停。在情绪到来的一瞬间，深吸一口气，给自己几秒钟时间去观察内心的变化。比如，当孩子因为考试没考好而低头不语时，我们可能会感到焦急，甚至不由自主地责问："为什么没好好复习？"然而，正念让我们先停下来，问问自己："这个反应是因为我在担心孩子的未来，还是因为我害怕别人认为孩子不够优秀？"

这样的停顿，虽然短暂，却能让我们从"情绪的自动驾驶模式"切换到"手动驾驶模式"，帮助我们更清楚地看见自己的需求，也重新关注孩子的真实感受。

重新激活满足感系统：连接胜于纠正

暂停的意义不仅在于平复情绪，还在于为满足感系统创造空间。当我们不急于纠正，而是试图与孩子建立连接时，就为温暖和信任的流动打开了大门。

以孩子考试失利为例，相比于直接责备，我们可以试着坐下来询问：

"这次考得不太理想，是不是遇到了什么难题？你能和我说说吗？"这不仅是帮助孩子解决问题，更是传递一种信息：无论发生什么，我都在你身边。这种接纳和支持，不仅能够缓解孩子的压力，也能让他们更愿意向我们倾诉，甚至在未来更自信地面对类似的挑战。

更重要的是，这种连接对孩子的成长和依恋关系的形成具有深远影响。孩子感受到的安全感和归属感，会为他们的情绪调节能力奠定基础，也会增强他们在面对困难时的韧性。

更深层次的觉察：我们的焦虑从何而来

在正念练习中，我们会渐渐明白，许多焦虑并不是孩子的问题，而是自己内心投射出的"私货"。我们可能会把对自己的期待加诸孩子，比如，担心孩子的失败会让人觉得我们是"不够称职的父母"；也可能是生活中的其他压力无处释放，结果在孩子身上找到了出口；甚至有些时候，仅仅是因为没休息好或者生理周期到了，变得容易情绪化，放大了孩子的一些小问题。

这些"私货"其实反映了我们自身的需求和困境。它可能是对自我价值的疑问，是未能妥善应对压力的信号，或者是疲惫的身体和心理在求助。正念的练习会让我们停下来，看看自己：这些情绪真的是孩子的问题，还是我需要先关照一下自己？只有当我们能分清楚自己的"私货"和孩子的真实需要，才能用更平和的方式回应他们的成长。

接纳自己，重新感受温暖的力量

理解情绪系统和依恋关系背后的逻辑，让我们对自己的情绪反应更加宽容。焦虑带来的失控与批评，并不是我们的缺陷，而是情感系统在试图保护孩子时偶尔失衡的表现。我们不可能在每一刻都做到完美，正念的练习帮助我们认识到这一点，从而接纳自己，给自己一些宽容和理解。

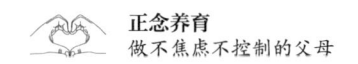

当我们用正念面对育儿中的挑战时，会发现那些棘手的问题并不如想象中那么难以解决。孩子不再只是需要"纠正"的对象，而是一个独立的个体，值得被理解和陪伴。而在这一过程中，我们与孩子之间的连接会变得更加深厚，我们内心的平静与安定也会随之而来。

正念教会我们如何在忙碌的育儿生活中放慢脚步。试着放下手机，专注地陪孩子拼一个拼图，或者在一天结束时给彼此一个温暖的拥抱。这些简单的时刻，实际上是在滋养亲子间的依恋关系，默默修复我们的内心，让我们重新感受到爱的力量。

育儿从来不是一件轻松的事，但当我们带着正念，温柔地接纳自己的情绪，逐渐与孩子建立更深的连接时，我们会发现，这不仅是一个育儿的过程，更是一次爱的旅程。在这段旅程中，我们与孩子一同成长，一同变得更加平和与强大。

实践正念之疗愈时刻

舒适的环境与身体姿态

正念冥想的有效开展离不开一个舒适的环境和正确的身体姿态。环境和姿态不仅直接影响练习的体验质量，还关系到练习者能否持久地专注于冥想实践。这一节将详细探讨如何营造适宜的环境以及调整身体姿态，帮助练习者更好地进入正念状态。

环境准备

一个舒适、安静、不受干扰的环境是正念冥想的基本条件。环境的选择能够显著影响冥想者的注意力集中程度和内在的平静感。

安静：选择一个噪音较少的空间非常重要。过多的环境噪音容易分散注意力，干扰冥想过程。如果无法完全避免外界的声音，可以使用耳塞或播放白噪声以掩盖干扰。

温暖：环境温度应保持适中，避免过冷或过热。温暖舒适的环境能让身体自然放松。如果房间较冷，可以准备一条毯子覆盖膝盖或肩膀。

光线柔和：避免太强或太刺眼的光线。自然光是最佳选择，可以通过窗帘调节光线。如果使用人工光源，建议选择柔和、暖色调的灯光。

干净整洁：冥想空间应尽量保持整洁，避免杂乱无章的环境。过多的物品可能导致视觉上的干扰，让人难以完全放松。

环境布置建议

专属冥想空间：如果可能，设立一个专属的冥想空间，例如一个小角落或一张专用的垫子。这个空间可以布置简单的物品，如一盏光线柔和的灯、一块坐垫或蒲团、一瓶精油等。

气味和声音：一些练习者喜欢在冥想时点燃香薰或精油，推荐选择薰衣草、檀香等具有放松效果的气味。同样，播放柔和的背景音乐或自然声音（如雨声、海浪声）也能提升冥想的氛围。

避免干扰：确保空间中没有会突然响起的干扰源，例如手机、闹钟或家人（孩子的突然哭闹和家人来访都会造成冥想的中断）。

在非理想环境中的替代方法

如果无法完全掌控环境，可以通过一些方法来提高适应性：如使用耳机播放白噪声或柔和的音乐以隔绝外界噪音；在繁忙的公共场所，可以选择靠近墙角或相对安静的区域坐下，闭上眼睛，以更好地聚焦于内心；在办公室或家中拥挤的空间，可以选择清晨或深夜等安静时段进行冥想。

适合的身体姿态

身体姿态是正念冥想的重要组成部分。一个合适的姿态不仅能帮助我们保持专注，还能避免身体过度紧张或疲劳。在冥想中，找到放松与警觉之间的平衡是核心原则。

稳定的身体姿态为心理的稳定提供了支持。一个稳定的姿态可以减少频繁调整身体所带来的分心，同时也能让我们保持清醒，避免因姿态过于松散而引发困意。在正念冥想中，身心的协调是关键，正确的姿态可以帮助练习者更清晰地感受身体的存在，与呼吸和当下建立更深的联结。

在冥想过程中，感到身体不适是正常现象。如果长时间保持坐姿导致腿部麻木或疼痛，可以稍微调整腿部的位置，或者使用软垫提供支撑。如果背部感到疲劳，可以短暂地倚靠椅背，但要注意不要完全放松到昏昏欲睡的状态。

调整姿态时，应保持觉察，缓慢而有意识地移动身体，让动作成为冥想的一部分。通过关注身体的感觉，练习者可以更好地融入正念练习，并在适合的姿态中体验身心的平衡与和谐。

坐姿

坐姿是正念冥想中最常用的姿态，因为它既能保持身体的稳定性，又能让练习者保持清醒。正确的坐姿可以有效减少身体的不适，延长冥想时间。

臀部支撑：选择适当高度的坐垫或椅子，使臀部略高于膝盖。这种姿势有助于减少腰椎的压力，使脊椎自然挺直；如果使用椅子，应坐在椅子的前1/3部分，避免完全倚靠椅背。

脊椎延展：想象一根柔软的绳子从头顶轻轻向上拉，帮助脊椎自然延展。背部应保持直立但不过于僵硬。下巴稍微内收，头部与脖子保持在同一条线上。

肩膀放松：确保肩膀自然下垂，避免耸肩或过于紧张。注意肩膀的重量感，将紧张通过呼气释放。

手臂和双手：手臂自然放松，双手可以放在膝盖上，掌心向下或向上。也可以将双手掌心朝上叠放，拇指轻轻相触，形成一个简单的冥想手印。

腿部和双脚：如果是盘腿坐，确保双膝触地，形成稳定的三点支撑。如果双膝悬空，可以使用软垫支撑膝盖。如果坐在椅子上，双脚应平放在地面，脚掌与地板保持稳定接触。

◆ 常见的坐姿类型

半莲花坐：一条腿放在另一条腿的下方，是较为常见的姿势，适合初学者。

全莲花坐：双腿交叉，脚背放在大腿上方。适合有较高柔韧性的练习者。

简单盘腿坐：双腿交叉但不叠放，是最基础的姿势。

椅子坐：对于膝盖或髋部有问题的人，椅子坐是一种友好的选择。

其他姿态的选择

躺姿冥想：适用于放松或正念扫描练习。躺下时，确保背部平直，双腿自然分开，手臂放在身体两侧。如果担心入睡，可以稍微垫高头部或保持轻微警觉。

站姿冥想：适合在狭小空间或身体需要活动时练习。站立时，双脚分开与肩同宽，膝盖微屈，身体保持放松但直立。

行走冥想：适合需要动态冥想的场景。行走时，注意每一步的感受，观察脚掌与地面的接触，以及身体的平衡。

通过为冥想选择一个舒适的环境和正确的身体姿态，您可以更容易地进入正念状态，并且保持长时间的专注和内在的平静。这是正念冥想

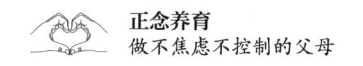

的重要基础，也是培养身心联结与平衡的关键一步。

专注地调整呼吸

专注于呼吸是正念练习的核心基础之一。对初学者来说，调整呼吸不仅是一种技巧，更是与自身内在联结的重要途径。在练习前告诉自己，这段时间是完全属于自己的，无须匆忙，也不必达到某种效果。放下目标，专注体验。

观察呼吸：联结当下

初学者常常会觉得"专注于呼吸"过于抽象。其实，观察呼吸是一种被动的觉察，而不是主动的改变。以下是具体的练习步骤：

（1）让自己的呼吸自然流动，不需要刻意控制节奏或深度。简单地感受空气进出鼻腔的过程，注意空气的温度和湿度：是凉的还是暖的？空气流过鼻尖时的触感又是怎样的？

（2）将注意力转移到胸腔或腹部，感受每一次呼吸带来的轻微扩张和收缩。如果这些感受不够明显，可以将双手轻放在腹部，借助触觉感知腹部随着呼吸的起伏。

（3）尝试选择一个特定的"触点"来集中注意力：

鼻腔：关注空气进入和离开鼻腔时的微妙触感。

胸腔：留意胸部随着每一次吸气微微扩张，以及呼气时的自然放松。

腹部：感受腹部像波浪一样的起伏，专注于它随呼吸律动的节奏。

通过这些步骤，你可以逐渐学会用简单的方式觉察呼吸，帮助自己更专注于当下。

深入呼吸：增强感知

在观察自然呼吸后，可以进一步尝试通过调整呼吸深度和节奏来增强专注感。

吸气：缓慢通过鼻腔吸气，感受空气逐渐填满肺部和腹部，持续 4 秒。

保持：在吸气结束后暂停 1~2 秒，注意身体充满氧气的感觉。

呼气：缓缓通过鼻腔或嘴巴呼出空气，持续 6 秒，感受身体随着呼气更加放松。

初次练习可以尝试"4-4-6"的呼吸节奏：吸气 4 秒，保持 4 秒，呼气 6 秒。如果觉得这个节奏不适合自己，可以调整为"3-3-5"或其他舒适的节奏。深入的呼吸不仅能够激活副交感神经系统，帮助身体放松，还能缓解焦虑情绪。节奏性呼吸的训练还能改善注意力，让人更快进入冥想状态，感受到平静与专注。

借助引导语提升专注

对于容易分心的初学者，可以通过在心中默念一些提示语来帮助集中注意力。

简单提示：吸气时默念"吸入"，呼气时默念"呼出"。

正面暗示：吸气时心中默念"吸入宁静"，呼气时默念"释放压力"。

节奏引导："1"吸气，"2"呼气，"3"吸气……从 1 数到 10，然后重新开始。

时间与频率

初学者可以从每天 3~5 分钟的短时间练习开始。随着熟练度增加，可以逐渐延长至 10 分钟、15 分钟，甚至更长时间。将呼吸练习融入日常生活是一个很好的方法。比如，早晨醒来后花 5 分钟专注于调整呼吸，为新的一天设定平静的基调；或者在工作间隙利用 1 分钟时间专注呼吸，帮助自己从紧张的情绪中短暂抽离，按下"暂停键"。

结束练习

深呼吸：最后深吸一口气，慢慢呼出，为练习画上句号。

感知身体：活动手指、脚趾，让身体逐渐从冥想状态回归到日常状态。

环顾周围：睁开眼睛后，观察周围环境，让自己重新融入现实。

延伸到生活中

呼吸练习并不仅限于冥想时间，它还可以被应用到日常生活中。

缓解压力：当你感到焦虑或紧张时，深呼吸几次可以帮助快速恢复平静。

集中注意力：在重要会议或考试前，通过几次专注的呼吸让自己进入最佳状态。

情绪管理：当你感到愤怒或沮丧时，尝试暂停并专注呼吸，避免情绪升级。

专注地调整呼吸不仅是一种正念练习，更是一项帮助我们安定身心、面对挑战的重要工具。通过练习，你会逐渐发现，专注于呼吸不仅能带来当下的平静，还能帮助我们在日常生活中保持更加专注与自在的状态。

接纳分心

在正念练习中，分心是一种普遍且不可避免的现象，对于初学者来说更是如此。无论是回忆过去、计划未来，还是关注当前的情绪和身体感受，分心都会自然地发生。然而，分心并不是正念练习的"敌人"，而是练习的重要组成部分。学会接纳分心，是培养专注力和觉察力的重要一步。以下内容将帮助你更深入地理解分心，并提供实用的方法来接纳分心。

分心：正念练习中的常客

我们的思维天生活跃，常常游走于不同的想法之间。过去的记忆、对未来的担忧，甚至无关紧要的念头，都会在练习中浮现。这种"走神"并不代表失败，而是人类大脑的自然属性。正念练习的目标从来不是清空头脑，而是学会与这些分心和平共处，温柔地将注意力带回当下。

许多人在分心时会感到挫败，认为自己"做得不好"，但事实上，每一次分心都是重新开始的机会。接纳分心意味着用开放和好奇的态度对待自己的注意力波动，而不是对自己进行评判。

认识分心的形式

在正念练习中，分心的形式可能多种多样。

思维分心：大脑不断浮现过去的记忆、未来的计划或随机的想法，比如"我晚饭要吃什么"。

情绪分心：情绪的波动，如焦虑、愤怒、悲伤或兴奋，可能让注意力从当下转移开。

身体分心：身体的不适，比如腿部麻木、背部酸痛，甚至感到饿或困。

外部分心：周围环境的声音、光线变化，或者其他人的行为。

发现分心并不是练习失败的信号，相反，这恰恰表明你开始觉察到自己的思维状态。这种觉察本身就是正念练习的核心目标之一。

接纳分心的方法

温柔地觉察：当你意识到自己分心时，不要批评或责备自己，可以轻轻地在心里告诉自己"我发现自己分心了"。这种温和的态度能帮助你以开放的心态面对分心。

为分心命名：试着用简单的词语为分心的念头命名，比如"计划""担忧""疼痛"或"声音"。命名可以让你与分心保持一定的距离，

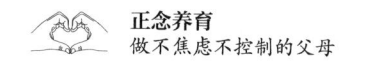

从而减少被分心完全吸引的可能。

接纳分心的存在：告诉自己，分心是正常的，是人类思维的一部分。我们不需要试图消除这些念头，只需温柔地对自己说："这只是一个念头，它会过去的。"

重新聚焦：在接受分心之后，将注意力轻轻带回呼吸、身体感受或当前的正念练习目标上。这个过程不需要强迫，而是像温柔地牵引一片漂流的叶子回到水流的中心。

将注意力拉回当下的过程，实际上就是正念练习最核心的部分。这种反复练习不仅能够增强你的专注力，还能培养一种对自己更温柔、更包容的态度。

要知道，分心不会消失，即便是有经验的正念练习者也会分心。关键不在于消除分心，而在于学会与它共存，允许分心的念头自然地来来去去。

如果某些分心的内容反复出现，比如反复担忧一件事情，不妨用好奇的态度去观察它。你可以问自己："这个念头为什么在此刻出现？它是否指向未被满足的需求？"

如果分心的感觉过于强烈，比如有强烈的情绪波动或身体不适，可以给自己设置一个"允许时间"，告诉自己"我允许这个感受在这里待一会儿"，然后慢慢将注意力带回练习。

在日常生活中接纳分心

正念的练习不仅限于冥想，它还可以融入日常生活。当你在日常生活中发现自己分心时，可以用类似的方式来应对。

工作时分心：当注意力从手头任务转移到其他地方时，不要强迫自己立即回到工作状态。先觉察自己的分心，并接受它的存在，然后以轻松的态度重新投入到工作中。

与人交流时分心：如果在与他人交流时发现自己走神，可以温柔地提醒自己，将注意力重新放回对方的话语上，重新专注于当下的互动。

休息时分心：如果在休息时发现自己被杂乱的思绪困扰，可以尝试做几次深呼吸，将注意力带回对身体的感受。通过这种方式，帮助自己放松下来，享受休息的时光。

接纳分心不仅是对练习过程的包容，更是一种对自我的深刻接纳。通过正念练习，你会逐渐意识到，分心并不是一种弱点，而是人类思维的正常特质。每一次接纳分心的过程，实际都是在对自己说："我允许自己不完美，这很好。"

随着不断练习，你可能会发现分心的频率逐渐减少。但更重要的是，你对分心的态度会变得更加温和与包容。接纳分心不仅能提升你的正念练习效果，还能帮助你在日常生活中更加从容地面对注意力的波动和情绪的起伏。通过这样的方式，正念练习将逐渐成为你生活中不可或缺的一部分。

全身扫描

在正念练习中，全身扫描是一种经典且深具疗愈效果的方法。与前面小节中专注于呼吸的练习相辅相成，全身扫描通过细致地觉察身体的每个部位，将注意力进一步带入当下。它不仅帮助我们更加贴近身体的感受，也让我们更深入地体验"接纳"的意义——无论身体的感受是舒适还是不适，它们都值得被温柔地觉察。以下是全身扫描的详细引导步骤：

准备进入全身扫描

选择温暖且安静的环境，找到一个舒适的地方躺下，避免被打扰。

你可以躺在地毯、瑜伽垫或床上，双腿自然分开，手臂轻轻放在身体两侧。如果已经练习过专注呼吸，可以用几次深长的呼吸为身体扫描做好准备。提醒自己，这段时间是专注于觉察的练习，而非放松或睡眠。

与身体建立联结

将注意力集中在身体与接触面之间的感觉上。例如，身体与地板、床垫或毯子的接触点是否有压迫、温暖或柔软的感觉。在每次呼气时，试着让身体稍微"陷入"接触面，感受身体被支撑的安定感。

设定练习意图

明确这段练习的意图：不是为了改变身体的感受，也不是追求某种状态，而是去觉察每一种感受的存在。无论是紧张、放松、疼痛还是麻木，这些感受都值得被温柔地接纳。全身扫描的目的是逐一关注身体的每一个部位，体验与它们的联结，而不是试图修正或消除某些感受。

从呼吸出发，逐步扫描身体

与呼吸练习相呼应，将注意力带到腹部，感受每一次呼吸带来的轻微起伏。让腹部的律动成为连接身体和呼吸的桥梁，随后逐步开始身体扫描。

左腿与左脚：将注意力移动到左腿，逐步向下延伸至左脚和脚趾，仔细感受每一个脚趾的触感。温暖、麻木或刺痛，无论是什么感觉，都带着好奇和接纳去体验。吸气时，想象气息流向脚趾，呼气时将脚趾的紧张释放。

脚底与脚踝：扩展注意力到脚底、脚弓和脚跟，感受脚部与接触面的挤压或其他微妙的触感。注意力继续向上移动，注意脚踝和小腿的感觉，带着探索的态度觉察每一种感受。

继续向上扫描：依次关注左小腿、膝盖、大腿，然后将注意力转移到右腿，重复相同的步骤。从右脚趾开始，逐步移动注意力至右腿的各个部分。

躯干与上半身：当注意力完成对双腿的扫描后，将觉察扩展到盆腔区域、下背部和腹部，再向上移动到胸部、上背部和肩膀。每个部位都可能有紧张感、压力感或其他微妙的感受，值得带着耐心去观察。

双手与手臂：关注双手，从手指到手掌、手腕、前臂，最后是上臂。感受双手是温暖还是冰冷，是松弛还是紧绷，观察这些感受如何随着注意力的移动而变化。

颈部与头部：将注意力带到颈部和肩膀，缓解可能存在的紧张。接着依次扫描下巴、嘴唇、鼻子、耳朵、眼睛、额头，直到整个头部。

特殊感受的处理

如果在扫描过程中遇到某些强烈的感受，例如紧张、疼痛或其他不适，可以试着用呼吸来接纳这些感受。吸气时，将注意力带到这些区域；呼气时，想象身体逐渐释放紧张。无论感受如何，都试着以一种温柔的态度去接受，而不是抗拒或评判。

思维漂移的应对

正如在前面的"接纳分心"练习中所提到的，我们不可避免地会在练习中走神，这是完全正常的。当你意识到自己分心了，不需要自责，只需轻轻地将注意力带回到当前正在扫描的身体部位。把分心看作练习的一部分，每一次重新聚焦都是成长的机会。

完成全身扫描

当你完成整个身体的扫描后，花几分钟时间将觉察扩展到整个身体，感受全身作为一个整体的存在，观察气息如何自由地进出身体。如果注意力再度漂移，也可以用温柔的心态引导自己回到整体感受中。

注意事项

可能入睡的情况：全身扫描练习常在躺下的状态中进行，这对许多长期疲劳或睡眠不足的人来说，可能会诱发睡意。如果发现自己快要入睡，可以调整姿势，改为坐姿练习，或者睁开眼睛。当然，如何条件允许，沉沉地进入梦乡也未尝不可。

带着好奇心去探索：无论身体的感觉是舒适还是不适，都值得被觉察。通过全身扫描，你会发现每一个感受的独特性，从而更深地与自己的身体建立联结。

通过全身扫描，你将身体与呼吸结合，逐步深入感知身体的每个部位。这种练习不仅是对呼吸与分心练习的深化，也是一次身心联结的旅程，让你以更加接纳和温柔的方式面对自我。

关注内心

在完成身体扫描之后，我们的注意力自然地从身体的感知转向内心世界。关注内心是自我疗愈的重要一步，通过这一练习，我们可以更清晰地了解自己的情绪、想法以及潜藏的心理状态。此时的目标不是试图控制或改变这些体验，而是用一种温柔而真诚的态度，与自己的内在建立联结。

从身体的觉察过渡到内心的觉察

身体的放松为内心的觉察铺平了道路。完成身体扫描后，我们可以安静下来，花几秒钟稳定呼吸，慢慢将注意力转向内心。此刻，我们的情绪可能是平静的，也可能复杂而模糊。无论情绪的状态如何，都值得被接纳和关注。我们可以问自己：

"我好像有点累，是什么让我觉得这样？"

"我的心里是不是有些事放不下？"

"我最近想得比较多，是哪些事情让我挂心？"

这些问题不需要具体答案，它们是帮助我们更自然地进入内心觉察状态的工具。

接纳内心的所有情绪与想法

情绪如同水流，可能清澈，可能浑浊，但它们本身没有对错。当感到焦虑时，我们可以默默告诉自己："这可能是因为最近事情有点多，没关系，我会慢慢调整。"或者，当我们感到有些失落时，可以说："我心里确实有点不舒服，允许自己稍微缓一缓吧。"

有时候，头脑里会冒出各种想法，比如计划、回忆，或者一些琐碎的念头。我们可以带着一点好奇去观察这些念头，给它们一个轻松的标签，如"这是明天的计划""这是过去的事情"，然后慢慢把注意力拉回来。

借助呼吸与情绪联结

呼吸是我们安抚自己、联结情绪的最好方式。情绪浮现时，试着用呼吸去感知并包容它。

吸气时，让自己注意到情绪的存在："吸气，我意识到自己心里有些焦虑。"呼气时，试着对自己说："呼气，我慢慢让它缓一缓。"

如果情绪比较强烈，可以让吸气和呼气更深、更缓慢。通过几次这样的呼吸，我们会发现情绪的压力逐渐减轻，心态也会变得柔和。

在觉察中融入对人际互动的反思

关注内心时，有时我们可能会发现一些情绪和人际交往有关。这种觉察不是为了责备自己或别人，而是帮助我们理解感受的来源。例如：

"我最近是不是对孩子有点急躁？可能是因为太担心他的表现。"

"对伴侣的行为有些不高兴，是不是因为我希望他更多关心我的想法？"

"我对那次聊天还挂心，可能是觉得当时没把我的意思表达清楚。"

这些想法浮现时，我们不需要立刻去解决它们，而是要承认它们的存在。可以在心里告诉自己：

"这些感受很正常，我先记下来，等状态好了再想想该怎么处理。"

"我有情绪，说明我重视这些关系，慢慢来，不着急。"

这种温和的态度，不仅能让我们平静下来，也能为接下来的互动带来更多理性和清晰。

面对强烈情绪时的策略

如果在关注内心时，某种情绪特别强烈，比如悲伤、愤怒或恐惧，我们可以试着在吸气时感受情绪的位置，例如胸口的堵塞感或胃部的不适；在呼气时用一种温柔的念头陪伴它："这个情绪确实有点重，慢慢缓一下。"

如果情绪让我们感到不堪重负，也可以短暂转移注意力，比如重新感受脚与地面的接触，或者专注于一次深长的呼吸，让自己找到安定感。

当我们完成内心的觉察后，可以通过几次深呼吸，将注意力从情绪和念头中释放出来。可以试着对自己轻声说：

"花点时间陪陪自己，还是挺重要的。"

"这些情绪就放在这里吧，慢慢来，不用着急。"

最后，感受自己的身体，注意它的存在。提醒自己，内心的觉察是一种支持自己的方式，不需要解决所有问题，而是让我们变得更清晰、更平静。

关注内心是自我疗愈的重要一步，它帮助我们更温柔地面对自己的情绪与念头。这种练习不仅能让我们更了解自己，也能让我们带着更平和的心态，去面对生活中的关系和挑战。通过这样的觉察，我们会发现，内心的平静不需要急于求成，它会在一次次的练习中自然浮现。

将意识扩大

完成对内心的关注后,我们可以逐渐让注意力从内在情绪和念头扩展到更广阔的外部世界。这一步是从内心回归整体,通过扩大意识来重新联结自己与环境。它不仅让我们感受到周围世界的支持,也帮助我们以更宽广的视角看待自身的处境。

从内心转向外部

用几次深呼吸让注意力稳定下来。接着,慢慢将注意力从内心的情绪和念头转向外部环境。可以问自己:

"周围有没有什么声音?是低沉的,还是清脆的?"

"空气触碰皮肤的感觉是凉爽的,还是温暖的?"

"身体和地面接触的压力感是否有变化?"

这些问题不是为了寻找答案,而是让我们的觉察逐渐从内在向外扩展。

感受环境的支持

让注意力转向身体与外界的接触点,例如:感受地面或椅子对身体的支撑;感觉衣物与皮肤接触的轻柔摩擦;留意空气流动是否带来轻微的凉意或温暖。这种对环境支持的感知可以让我们感觉更安全、更稳定,就像被世界轻轻托住一样。

注意听一听周围是否有声音。可能是风吹动树叶的沙沙声,可能是家里的轻微动静,也可能是远处偶尔传来的车辆声。这些声音可能有规律,也可能杂乱,但无论它们是什么,我们都可以试着以好奇的态度去倾听,而不需要评价它们是否"好听"或"吵闹"。

将意识扩展到整体

当我们对环境的感知更加清晰后,可以试着将注意力扩展到更大的范围。比如,想象自己是环境的一部分,身体与周围的空气、声音、光线融为一体。我们并非孤立的个体，而是与周围世界相连。想象自己所在的空间慢慢向外延伸，比如从房间到整个建筑，从建筑到更大的户外空间。我们可以感受到自己被广阔的空间包围，而这个空间是安全的、开放的。

扩展过程融入对关系的觉察

在扩展意识的过程中，我们也可以轻轻地带入对人际关系的觉察。这种觉察不是具体的回忆或分析，而是以一种柔和的方式感受：

"我在这个环境中是怎样与家人相处的？"

"我的行为和感受是如何与他们相互影响的？"

"这种扩展的觉察是否让我多了一些对他人的包容？"

比如，我们可能会注意到，环境中的声音里夹杂着孩子的笑声或脚步声。即便这些声音曾让我们感到烦躁，但在扩展意识的状态下，它们也可能转化为一种亲近感——因为这些声音是我们生活的一部分。

面对杂乱环境的策略

扩展意识的过程中，可能会遇到一些干扰，比如嘈杂的声音、刺眼的光线或其他让人不适的因素。我们可以试着用吸气观察这些刺激："吸气，我注意到了这个声音，它有点刺耳。"用呼气接受它的存在："呼气，我允许它在这里。"

这些环境刺激并不需要被排除，它们可以成为练习的一部分，帮助我们更加包容地面对外部世界。

完成对外部世界的觉察后，可以用几次深呼吸将注意力拉回到自己的身体。轻轻活动手指、脚趾，感受自己在环境中的存在。可以对自己说：

"周围的环境支持着我，我可以放松地与它相处。"

"这个空间是开放的，也是安全的。"

最后，我们可以缓缓睁开眼睛，观察周围的世界，用一种全新的视角看待自己和环境的联结。

将意识扩大是从内心回归整体的重要一步。通过觉察环境和空间，我们可以重新感受到自己与外界的联结，并以更加包容和开放的心态面对生活中的一切。通过这样的练习，我们能够逐渐发现，世界虽然繁杂，但始终有一种安稳的力量在支撑着我们。

回归现实

完成扩展意识的练习后，我们可以慢慢将注意力拉回到现实世界。回归现实是正念练习的最后一步，它帮助我们从专注状态过渡到日常生活，同时带着练习中获得的平静与觉察，去迎接现实中的每一个瞬间。

逐步收回注意力

在扩展意识后，不急于结束练习，而是缓缓将注意力从外部的空间和环境重新带回到自己的身体。我们可以先关注呼吸，用几次深长的吸气和呼气帮助自己稳定注意力。接着，逐步将注意力带到身体的各个部分，比如手指、脚趾、胸口，重新感知自己的存在。我们可以轻轻问自己：

"我的身体现在是什么感觉？是否有哪里特别放松或紧张？"

"我是否能感受到自己与地面的接触？"

"我的呼吸是否变得更自然、更平稳？"

这些问题可以帮助我们更扎实地回到当下，重新找到与现实世界的联结。我们可以缓缓睁开眼睛，用柔和的目光观察周围的环境。注意光线、颜色和物品的形状，感受自己所处空间的氛围。如果需要，可以轻轻地动动身体，比如活动一下肩膀或手腕，帮助自己从练习的静止状态过渡到日常活动状态。

看一看窗外的景色，观察树木的枝叶、云朵的形状，或者光线的变化。听一听周围的声音，无论是安静还是有点嘈杂，都接受它们。感受空气与皮肤的接触，或者衣物贴合身体的感觉。这些细节能让我们更自然地融入到现实中，而不感到突兀。

结束练习的自我确认

完成练习后，我们可以对自己表达感谢和认可。这是正念练习的重要部分，它帮助我们与自己建立更和缓包容的关系。例如，我们可以对自己说：

"这一段时间，我花在自己身上，这很值得。"

"无论练习效果如何，我已经尽力了。"

"我愿意相信，这样的练习对我的身心都有益处。"

这些自我确认不仅让我们感受到自我关怀的力量，也鼓励我们将练习中的觉察延续到接下来的日常生活中。

回归现实的意义

回归现实是正念练习的最后一步，它帮助我们从静止的状态逐渐过渡到动态的生活中。练习并不是与现实脱节，而是让我们更好地面对生活中的繁忙和挑战。通过这个过程，我们把练习中的平静和专注融入日常，为自己提供更强的心理支持。

在练习结束时，我们可能会发现，自己的状态比之前更平和、更稳定。这个平静的基础，让我们能够用更宽容和接纳的态度，去处理接下来的事务。提醒自己，练习的目的并不是回避生活，而是让我们更有力量去迎接它。

带着正念面对生活的压力

现实可能是忙碌的，也可能带来各种挑战。但正念练习中的一些片段，可以在需要时为我们提供支持。当感到压力时，我们可以回忆身体扫描时的那种安定感，提醒自己通过呼吸缓解紧张。在面对困惑或决策时，可以试着用扩展意识的方式，回想练习中感受到的宽广和包容，为自己创造更多的空间。

这些练习的经验，不仅是短暂的体验，也是我们在生活中应对复杂情境时的资源。无论是与家人互动，还是处理工作的挑战，这种内在的平静都能为我们提供力量。正如练习所展现的那样，每一个当下都是我们重新开始的机会。

实践正念之培养正念的生活方式

保持觉察

忙碌的生活中，我们常常觉得自己像在跑步机上，脚步停不下来，心也停不下来。从早晨醒来的那一刻开始，我们的脑海里已经排满了任务清单。然而，正念教会我们，忙碌并不可怕，可怕的是我们在忙碌中失去了和自己的联结。觉察，就是让我们在忙碌里找到喘息的片刻，重新与当下的自己相遇。

觉察并不是额外的负担，它更像是一种生活的态度，一种让我们回归当下、关注自己的方式。通过觉察，我们可以看清自己身处何处，发现那些被忽视的感受，也让我们在忙乱中找回内心的平静。

觉察从日常开始

觉察不需要专门的时间或者特别的场景，它可以融入我们生活的每一个角落。早晨醒来时，我们不妨停一停，躺着感受身体的状态，问问自己："昨晚我睡得好吗？身体现在是放松的，还是有些紧张？"或者，注意到清晨的阳光洒在房间里的样子，感受床铺的温暖。这些短暂的觉察，是我们与当下联结的开始。

喝水的时候，真正感受水流入口时的凉意，注意水的重量，以及咽下水时喉咙的反应；洗脸的时候，试着放慢节奏，感受水流过手指的触感，听水流的声音，观察泡沫的形状，而不是想着下一件任务；走路时，注意脚与地面的接触感，感受身体的律动，而不是让思绪被手机或者未完成的计划牵着走。这些小小的觉察瞬间看似平凡，却能让我们从自动化的模式中脱离出来，重新回到生活本身。

觉察自己的情绪

生活中，情绪是最容易被忽视的部分，尤其是当我们忙碌时，往往会把它们压下去。可是情绪不会消失，它们会以疲惫、焦虑或莫名的烦躁表现出来。当我们停下来观察自己的内心，就会发现，很多时候情绪并不是敌人，而是我们身体和心灵的一种信号。

当我们感到烦躁时，不妨深吸一口气，轻轻地对自己说："我现在有些烦，这很正常。"然后试着注意一下：这种情绪带来了哪些身体感受？是肩膀的紧绷，还是胃部的不适？通过这样的观察，我们不仅能够看清情绪的样子，也能够让情绪变得不再那么难以应对。

觉察的力量

有时候，我们会在觉察中发现生活中微小改变所具有的力量。比如，当我们忙了一整天，觉得身心疲惫，这时候停下来深呼吸几次，或者简单地闭上眼睛，感受椅子对身体的支撑。短短几分钟的停顿，就像是给自己充了一小段电，让我们重新找到平静的力量。

觉察也帮助我们更清晰地面对问题。有些时候，情绪积累到一定程度，可能让我们失去理智。但通过觉察，我们可以及时发现："我为什么会这样？"当我们能够看见情绪时，它就不再那么具有攻击性。

让觉察成为生活的一部分

保持觉察不是让我们时刻保持警觉,而是学会在生活的细节中多留意自己的状态。比如,我们可以在清晨的第一杯水中找到平静,在拥挤的地铁里用几次深呼吸缓解紧张,在忙碌工作的间隙稍微停顿一下,观察自己的呼吸节奏。这些小小的动作,都是正念生活的实践。

我们并不需要每时每刻都保持完美的觉察,有时我们会忘记,有时我们会分心,这都没有关系。正念告诉我们,每一个觉察的瞬间,都是和自己重新联结的机会。生活也许不会因此变得轻松,但我们可以在忙碌的间隙里找到更多从容的时刻,找到更多和自己相处的可能性。

觉察,是我们送给自己的温柔!

接纳感受

生活中,我们总会遇到一些让人气愤或不快的事情,尤其是在工作和人际关系中。当情绪涌现时,我们可能会觉得难以平静下来,甚至在内心反复回想那些让人不满的场景。接纳感受并不是让我们压抑情绪,也不是一味地"原谅"或"忍耐",而是用一种更柔和的方式与情绪共处,让我们从中找到平和的力量。

婷婷在工作中遇到了一件让她很生气的事。她本来负责两个组的对接工作,任务已经完成了一部分,正忙着推进后续工作的时候,上级突然安排另一个人来分担任务,说是让她们一人负责一个组。婷婷一听,心里想着"太好了,负担可以减轻一点了",于是她花了不少时间,把另一个人需要负责的组的对接信息整理好,主动分享给对方。

然而,接下来的事情却让婷婷感到非常不满。对方不仅拿走了她整理的信息,还把剩下的对接工作也推了回来。婷婷一边忙着自己组的事情，一边还得应付对方抛来的各种问题。那一刻，她感到非常生气，甚至开始觉得自己的付出完全被忽视了。

面对情绪，试着停下来

生气是很自然的反应。可是，当情绪占据头脑时，我们很容易陷入内耗，越想越气，甚至说出不理智的话，做出不恰当的事。

那一刻，婷婷选择让自己先停下来。她感到胸口有些发闷，手指也有些微微发热。她放下手中的工作，走到窗边深吸了一口气，望着窗外的树影晃动，试着感受自己的呼吸。心里对自己说："我现在真的很生气，感觉不被尊重，这种感觉让我很难受。"

这样的停顿让婷婷不仅看到了自己的愤怒，也感受到了它的来源——她希望自己的努力被对方理解和尊重。

用接纳替代对抗

接纳感受不是对情绪妥协，而是给情绪一个表达的空间。

当婷婷冷静下来后，她意识到，那个同事或许并不是有意让人不快。对方可能不清楚工作分配的界限，也可能是面对新任务时感到手足无措，才会频繁向她寻求帮助。

于是，婷婷调整了方式。她没有直接表达自己的不满，而是耐心而明确地告诉对方："亲爱的，后续的对接工作由你负责，如果有特别棘手的问题，咱可以随时沟通！"这样的表达既传递了协作的态度，也明确了彼此的分工，让她在保护自己边界的同时，减少了不必要的情绪消耗。

从情绪中学习

通过这件事，婷婷明白了，接纳感受并不意味着压抑愤怒，而是找到一种方式，把情绪转化为理性的行动。愤怒的出现，是在提醒她需要更清晰地表达自己的界限，而不是默默承受或在心里纠结。

接纳感受的过程，也是对自己的关怀。当我们能够看清情绪的来源，尝试与之相处而不是急于摆脱时，就能在复杂的情境中找到更平和的解决之道。

无论是愤怒、委屈，还是其他不愉快的情绪，它们的出现都有其意义。接纳让我们学会理解自己，也更从容地应对生活中的挑战。接纳感受，不是放弃改变的可能，而是用一种平静的心态，找到对自己和对他人都更友好的解决方式。这份力量，让我们在情绪波动中依然能够保持内心的稳定与清晰。

有意识地呼吸

在接纳感受的过程中，我们发现，情绪需要空间去被看见和理解。而呼吸，正是为情绪提供这个空间的最简单、最有效的方式之一。当我们学会了用呼吸陪伴情绪，就会发现，它不仅能够帮助我们平复波动的心绪，还能把我们从繁杂的思绪中拉回来，重新回到当下。

有意识地呼吸是正念的核心基础之一。它是我们随时随地都可以使用的工具，不需要特殊的条件，也不需要额外的时间。当我们带着觉知去观察和感受呼吸时，简单的呼吸就能成为与内心建立连接的桥梁。

呼吸：从自然到有意识

呼吸本是身体的自然节奏，但当我们带着觉知去观察它时，它就变成了让我们回归当下的引导者。试着停下来，花几秒观察自己的呼吸，不需要调整节奏，也不需要刻意改变。注意空气进入鼻腔的触感，是凉的还是温暖的？感受腹部随着每一次吸气微微鼓起，又随着呼气缓缓收回。这样的觉知能让我们更清晰地感受到自己的存在。

有意识地呼吸可以从简单的练习开始，每一种方法都可以根据我们的状态和需求进行调整。当我们感到情绪波动时，深呼吸是最直接有效的方式。吸气时,注意气流进入鼻腔、胸腔和腹部的路径;呼气时,感受身体逐渐放松的感觉。连续三次缓慢深呼吸,可以快速缓解紧张,让心情平静下来。

吸气时默数 4 秒,感受空气填满肺部;呼气时默数 6 秒,想象紧张感随着呼气一点点释放。如果觉得这个节奏不适合,可以调整为吸气 3 秒、呼气 5 秒,找到最适合自己的节奏。

有时,思绪容易被打断,呼吸时加入提示语可以帮助我们更好地集中注意力。吸气时默念"吸入宁静",呼气时默念"释放压力"。提示语既是对呼吸的引导,也是对内心的温柔提醒。

婷婷的呼吸练习:用觉察与调整找到平静

婷婷在工作中遇到了一件让她非常生气的事。对方不仅接受了她整理的信息,还将后续的工作推了回来。愤怒和委屈涌上心头,她的胸口像压了一块石头。此时,她的脑海中充满了"凭什么""这样做太过分了"等念头。

当面对类似情境时,我们的情绪可能会复杂而强烈。无论对方的行为是有意还是无意,产生情绪都是正常的反应。接下来,让我们看看如何通过呼吸与觉察处理这种内心的冲突。

1. 先停下来,稳定情绪

当情绪汹涌而来时,不要急于判断或回应,给自己几分钟时间停下来。就像婷婷那样,坐在椅子上,闭上眼睛,专注于自己的呼吸。深吸一口气,感受氧气进入胸腔;然后缓缓呼气,想象紧绷的情绪随着呼气流出体外。吸气时默念"我知道自己很生气",呼气时默念"我允许自己缓一缓"。

这种简单的练习能帮助我们从情绪的旋涡中抽离,让身体和心灵都有片刻的喘息时间。

2. 觉察情绪背后的根源

情绪的出现总是有原因的。在呼吸中，我们可以问自己几个问题，来理解愤怒的来源。

"是因为自己的期待落空了吗？"如果我们像婷婷一样，期待对方能主动承担工作并对我们的付出表示认可，那么当这些期待没有实现时，愤怒就会自然产生。

"是因为对方的行为触碰了我的边界吗？"如果对方的行为让我们觉得不被尊重，甚至是刻意挑战我们的耐心，这种愤怒可能是自我保护的自然反应。

通过觉察，我们能够更清晰地看到，愤怒可能是对期待落空的失望，也可能是对某种边界被侵犯的抗议。

3. 判断对方的行为意图

当情绪稍微平复后，可以尝试冷静地分析对方的行为意图。

如果我们觉得对方是无意的，这代表对方可能对任务分工不清楚，或者在适应新的工作内容时感到手足无措。此时，我们可以用更宽容的态度来看待问题。提醒自己："她可能不是故意的，只是对新任务还不熟悉。"

如果我们觉得对方是有意的，比如，在推卸责任、试探我们的底线。这种情况下，我们需要坚定地维护自己的边界，但可以避免用情绪化的方式回应。可以对自己说："她的行为确实让我不舒服，但我可以用更清晰的方式保护自己，而不是让情绪控制我的反应。"

4. 用呼吸找回内心的平静

无论对方的行为是故意还是无意，稳定内心状态都是关键。调整呼吸节奏：吸气4秒，感受空气进入腹部；呼气6秒，想象那些紧张和不满随着气息一点点流走。通过几轮深长的呼吸，我们可以让自己从愤怒的情绪中逐渐脱身。

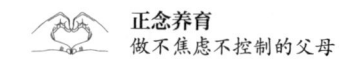

5. 明确边界，灵活沟通

在平静之后，沟通才是解决问题的关键。无论对方的行为是否故意，清晰的表达都可以帮助我们减少误解、维护自己的边界。例如，婷婷可以这样说："关于这部分工作，我已经完成了前期内容。后续的部分是你负责的。如果有具体问题，我们可以讨论，但任务还是需要由你来推进。"这样的表述既不会让人觉得难堪，又明确了职责分工，为接下来的合作提供了清晰的界限。

将注意力带回当下

生活中，我们的心常常像一只调皮的风筝，总是被过去的回忆或未来的担忧牵引着，而很少真正停留在当下。注意力可能因为一件未完成的任务变得焦虑，也可能因为某种不愉快的情绪而反复纠结。正念提醒我们，当注意力游离时，我们可以停下来，将它带回到此刻，重新感受当下的体验。

在生活的细节中练习注意力

注意力的回归，往往隐藏在那些看似普通的日常细节中。我们可以通过一些简单的方式，将它融入生活的每一个角落。

吃饭时，试着放下手机，把注意力放在食物的颜色、香气和味道上。每一口饭，都可以是一种连接自己和当下的方式。

走路时，专注于脚与地面的接触感，感受身体随着步伐的律动，而不是让思绪被手机或待办事件拉走。

等待时，无论是排队还是等红绿灯，都可以观察自己的呼吸节奏，或者留意周围的风景和声音。这些短暂的停顿，是练习注意力的好机会。

入睡前，躺在床上，把手轻轻放在腹部，感受呼吸带来的起伏。吸气时想象身体被新鲜的空气填满,呼气时想象一天的疲惫随着气息流走。这种方式既能帮助我们放松,也能使我们更快地进入睡眠状态。

这些看似简单的小练习,能够帮助我们从自动化的生活模式中抽离出来,更清晰地感受生活的丰富与真实。

婷婷的故事:借助注意力脱离情绪

当婷婷发现同事将任务推回给自己时,愤怒和委屈立刻涌上心头。她的胸口像压了一块石头,脑海中充满了"凭什么""太过分了"这样的念头。即便她试着通过深呼吸缓解情绪,但心绪仍然难以平静,注意力一次又一次被拉回到这件事上。

她告诉自己:"先停一下,不急着反应。"于是,她站起来,去窗边望了望外面的景色,深呼吸了几次。但即使这样,那些不愉快的情绪还是会时不时冒出来。她发现,自己的注意力依然很难完全集中在眼前的事情上。

这时,婷婷没有强迫自己马上投入工作,而是拿出一张纸,把脑子里那些翻来覆去的想法写了下来。"为什么她会这样?""是不是我哪里做得不够清楚?""接下来我该怎么办?"随着这些问题一一被写下,婷婷的情绪稍微缓和了一些。她对自己说:"好吧,现在我至少可以整理一下接下来的任务,完成我力所能及的部分。"

她回到座位,打开任务表,把工作分成了几个小步骤。尽管思绪偶尔还会被刚才的事情干扰,但每当注意力飘走时,她就提醒自己:"现在先处理这一步,其他的可以等一会儿。"通过一点点地完成眼前的任务,婷婷的情绪逐渐稳定下来,工作也终于有了进展。

婷婷的经历提醒我们,注意力的回归并不是一蹴而就的。有时,我们需要经过几个小步骤,才能慢慢从情绪中脱离。而正念的力量在于,它为我们提供了一种温和的方式去应对这些波动,帮助我们在复杂的情绪中找到方向。

呼吸：注意力回归的桥梁

呼吸是帮助注意力回归的一个天然工具。当我们的心绪变得纷乱，或者注意力被分散时，呼吸能够成为一个稳定的锚点，帮助我们回到当下，重新感受脚下的真实。

当我们把注意力放在呼吸上，会发现每一次吸气和呼气，都能够把我们从思绪中拉回。空气进入鼻腔时的凉意，胸腔轻微的起伏，腹部随着呼吸的上下律动，都是生活中最真实的存在感。呼吸的节奏平稳而自然，它就像一条安静的小河，流动之间，帮助我们找到片刻的安宁。

我们不需要刻意改变呼吸的方式，只需要观察它的流动。当吸气时，我们能够感受到一种清新的能量进入身体；呼气时，那些紧张和烦躁也会慢慢随着呼出的气息释放出去。这样简单的觉察，不仅能够缓解内心的压力，也让我们重新与当下建立连接。

让注意力融入生活的每一刻

注意力的练习并不是一件额外的任务，而是一种能够融入日常生活的态度。它不需要我们时刻保持完美的专注，而是提醒我们在忙碌中为自己找到片刻的停顿。在和孩子互动时，在处理琐事时，甚至在忙碌的工作间隙，我们都可以稍微停一停，试着看看自己此刻的状态：思绪是清晰的还是分散的？心情是平静的还是浮躁的？这样的觉察，能帮助我们在忙碌中重新连接当下。

当注意力回归，那些原本平淡无奇的瞬间就会变得鲜活。比如，在阳光洒满房间的清晨，仔细端详一杯热茶升起的缕缕白雾；在孩子笑着向你跑来的那一刻，感受他扑进怀里的那种真实和温暖；在下班路上，看到远处的天空渐渐染上橙色，这些本是我们容易忽略的细节，却是生活中最真实的馈赠。

注意力的回归并不能改变生活本身的复杂,但它会改变我们看待生活的方式。面对难题时,它让我们更清晰、更从容;面对忙碌时,它给了我们喘息和调整的空间。很多时候,问题并没有我们想象中那样沉重,只是我们缺少了一双看见当下的眼睛。

第五章

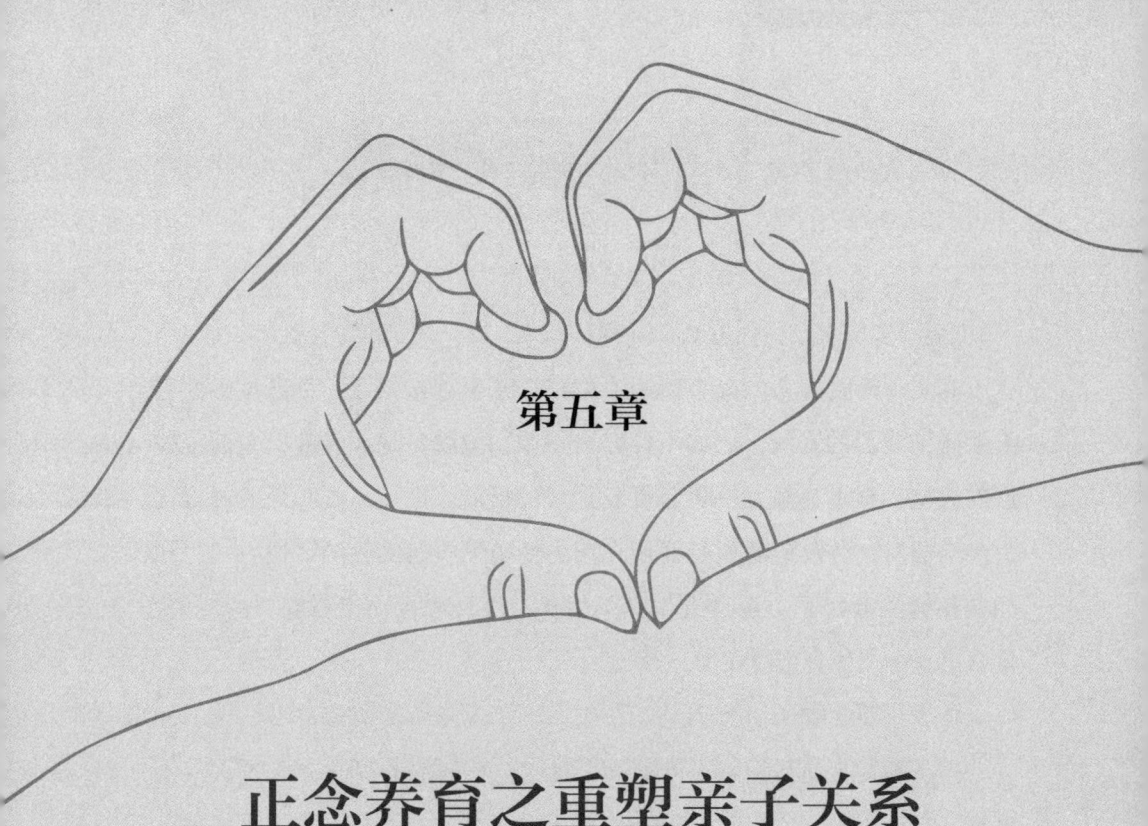

正念养育之重塑亲子关系

> 养育从来不是一件简单的事。我们一边全心全意地陪伴孩子，一边却容易忽略自己的感受和需求。渐渐地，我们的耐心被消磨，爱也因为疲惫和惯性而变得沉重。
>
> 正念养育告诉我们，好的养育并不是单纯地以孩子为中心，也不是忽视自己的需要，而是学会在关注孩子的同时，也倾听自己的声音。带着这样的觉察，我们可以打破自动化的反应模式，重新认识孩子的独特，重新体会养育中的爱与喜悦。
>
> 这一章，我们将一起探索如何在养育的过程中，找到托举孩子和关爱自己之间的平衡点。在这段旅途中，我们不仅能更深地理解孩子，也能在陪伴中重新看见自己的力量和温柔。

打破"自动化养育"的循环

"说了多少次了,你怎么又这样!"

有多少人在育儿的某个瞬间,对孩子喊出过这句话?每当孩子的行为触碰到我们的底线,比如不好好写作业、撒泼哭闹或者乱扔东西,我们的大脑就会迅速触发一种条件反射式的反应:训斥、威胁,或者直接退出沟通。这种反应看似是我们在压力情境下应对问题的最快方式,却往往使育儿变成了一场没有硝烟的战斗。这种"自动化养育"的反应,常常出现在三种典型模式中。

1. 战斗型反应

孩子的行为让我们忍无可忍时,我们会立刻责备:"你怎么这么不懂事!"或者"你就不能好好做事吗?"我们希望通过指责、批评来威慑孩子,从而改变他们的行为。

2. 逃跑型反应

当面对孩子的挑衅或任性时,我们感到疲惫或无力,常常选择回避问题:"随便你,爱干吗干吗!"或者"我管不动你了,你自己看着办吧!"我们不愿意再与孩子沟通,选择放任不管,避免冲突。

3. 僵化型反应

在面对无法应对的育儿困境时,我们会陷入一种无助的状态:"我真的不知道该怎么管你了!"或者"你到底想怎样啊!"我们感到自己已经没有办法应对孩子的行为,只剩下无奈和焦虑。

这些反应看似能在短期内"震慑"孩子,但从长远来看,它们带来的是另一种困境。孩子表面服从,内心却可能感到孤独、不被理解,而我们则在愧疚和无力中反复挣扎，无意中错失了更重要的情感连接。

自动化养育的隐形代价

在育儿过程中，当我们陷入"自动化养育"的状态时，往往只是快速反应，而没有意识到这种方式在悄悄地剥夺与孩子之间建立深层关系的机会。每当孩子的行为让我们感到愤怒或焦虑时，我们的大脑就会启动一种条件反射式的反应，而不去真正了解孩子行为背后的情感或需求。这种反应虽然让我们能迅速应对眼前的困境，却在无形中带来了隐性代价。

孩子感到被忽视

当处于自动化反应模式时，我们往往更加关注孩子的行为表现，而忽视他们的情感需求。比如，当孩子因为某些原因而拖延写作业时，父母可能直接责备："你怎么这么磨蹭！快点写！"这种反应看似让父母控制住了局面，却没有给予孩子足够的理解和支持。孩子表面上会服从，内心却感到一种被忽视的落寞。这种情况长期积累，可能会影响亲子关系的亲密度。

父母陷入自责

自动化养育不仅影响孩子的感受，也让父母在情绪上陷入困境。很多父母在失控过后，常常会感到深深的后悔和愧疚。比如，责备孩子之后，他们可能会反思："我是不是太严厉了？""为什么我总是控制不住情绪？"这种自责让父母感到无力，并逐渐消耗了他们的育儿热情。当自动化反应变成习惯，父母的情感疲惫会随着时间的推移而加剧。

育儿变成消耗战

当我们习惯性地以自动化反应来面对孩子的行为时，亲子关系可能会陷入"恶性循环"：孩子因为感到被忽视或不被理解而变得反叛，父母则因为孩子的反应而更容易产生愤怒或无奈。这种循环不断加剧，让育儿过程变得像一场无休止的"情绪拉锯战"。而这种"战斗"不仅让父母变得疲惫，还让育儿过程的优势——相互理解和共同成长——逐渐被消磨。

打破自动化养育循环

自动化养育体现在养育模式上，主要表现为"行动模式"。在这种模式下，父母更多关注任务的完成和孩子的行为控制，往往忽视了与孩子的情感连接。与此相对的则是"存在模式"，它强调与孩子的情感共鸣，关注孩子的内心需求——父母不再单纯关注任务，而是更专注于理解和陪伴孩子，耐心倾听孩子的声音，理解孩子的感受。要打破自动化养育的困境，父母需要从"行动模式"转变为"存在模式"。

觉察自己的情绪触发点

很多时候，父母的情绪爆发并不是因为孩子的行为本身，而是内心的某些"按钮"被触发了。这个"按钮"可能是父母对孩子的期待，也可能来自父母自身的压力或未解决的情感需求。

桃桃妈妈总是因为孩子写作业慢而生气。她说："我一看见他磨磨蹭蹭就火大，感觉他这么慢肯定会影响成绩。"但在一次觉察练习中，她意识到，这种情绪其实源于她小时候经常被父母催促写作业，那时她心里总是充满压迫感。她发现，自己对孩子的苛求，正是自己过去被苛求的翻版。

当我们感到生气或焦虑时，停下来问自己："我为什么对这件事这么敏感？"也许是担心孩子的未来，也许是自己没有休息好，也许是感觉被忽视。这些觉察能帮助父母从"行动模式"（控制、焦虑）转向"存在模式"（理解、支持）。

暂停反应，给自己留出空间

当被孩子的行为触发了情绪时，父母最重要的不是立刻反应，而是给自己一段时间，冷静下来。在"行动模式"下，父母往往条件反射般地回应孩子的行为，但"存在模式"要求父母暂停反应，先给自己一些空间，理清情绪后再做出回应。

5岁的豆豆在饭桌上撒了汤，妈妈忍不住大声喊："都说多少次了，吃饭要小心点！"孩子愣了一下，眼圈红了，随后更用力地推开了碗，饭桌上的气氛瞬间降到冰点。事后，妈妈回忆，她喊出那句话是因为累了一天，看到汤撒了，觉得整个人都失控了。她后来尝试暂停几秒的做法，当孩子又一次撒了汤时，她深吸了一口气，轻声说："我知道你不是故意的，咱们一起把它擦干净吧？"

要打破"行动模式"下的自动化反应，并转向更多的情感连接，父母还可以通过一些简单的技巧来帮助自己冷静下来，调整情绪，比如：

呼吸缓解：当你感到生气时，尝试深吸一口气，同时数到4；然后缓慢呼气，同时数到6。重复几次，让你的心跳和呼吸节奏稳定下来。

暂停动作：比如拿起一杯水喝一口，或者转头看向窗外的风景。这些动作能帮助你跳出情绪化的反应状态。

安抚自己：比如"这只是个意外""孩子也需要学习，这不容易"。

关注孩子的需求，而不是行为本身

"行动模式"常常让父母专注于行为本身，认为孩子的不听话、拖延或反抗是需要立即纠正的问题，而忽视了孩子行为背后的需求。"存在模式"则强调先了解孩子的需求，再给予回应。因为孩子的行为背后，往往隐藏着未被满足的需求。

8岁的乐乐在妈妈忙着做饭时突然发脾气，大喊："我现在就要吃！"妈妈下意识地想回一句："你怎么这么不懂事！"但她停了下来，转过头问乐乐："你是真的特别饿，还是心情不好？"乐乐说："我中午在学校都没吃饱！"妈妈这才明白，乐乐发脾气是因为身体和情绪的双重不适。她递给乐乐一块面包，说："饿了可以和妈妈说，但不要大喊大叫！先垫垫肚子吧，饭一会儿就好了！"

要从"行动模式"转向"存在模式"，我们还可以参考以下步骤：

观察情绪信号：孩子发脾气、大喊大叫，可能是因为他们无法用语言表达需求。

试着问具体问题：比如"你是不是有点累了？""今天在学校是不是有不开心的事？"用平静的语气询问，孩子会更愿意回应。

避免先入为主的判断：孩子的表达方式虽然不对，但他们的行为总有原因，可能是身体不适、感受到压力，或者想要你的关注。

允许灵活调整，不苛求完美

育儿是一个复杂的过程，我们无法每次都做到完美。有时候，即使试图暂停或理解需求，孩子依然可能继续"不可理喻"。这时候，请记得调整你的方法，并允许自己有犯错的空间。

小雅的爸爸尝试暂停，但在孩子摔碎水杯后，他还是忍不住责备："你怎么总是这么不小心！"小雅哭着跑回房间。爸爸感到非常内疚，犹豫要不要去安慰孩子。他最终选择轻轻敲门，说："爸爸刚才不该责备你，你也不是故意的，我们一起把碎片清理了，好吗？"

如果当下没能暂停情绪，不要责怪自己，可以尝试在事后修复，比如道歉或和孩子谈谈当时的情绪。我们可以在不同情境中尝试不同的方法，比如对年幼的孩子用更多肢体接触（如轻轻拥抱），和稍大一些的孩子讨论解决方案。

打破自动化养育并不意味着成为完美的父母或获得无瑕疵的孩子，而是让我们在每一次情绪来临时，都能为自己和孩子创造一个更温暖的互动空间。这是一个逐渐改变的过程，每一次的暂停、每一次对需求的关注，都在为更深的联结积累力量。育儿是一段旅程，而非一场战役。通过这些小改变，你会发现，爱与理解的空间比你想象的更宽广。

用初学者心态重新认识孩子

初学者心态是正念育儿中的核心概念，它鼓励我们以一种好奇、开放的心态去重新认识孩子，像第一次遇到他们一样，去了解他们真实的需求，而不是急于做出评判。可是，在日常育儿中，我们往往不自觉地给孩子贴上标签，例如"他太懒了""她总是顶嘴"。

标签如何影响我们的视角

强强妈妈常常听到老师说她的儿子"害羞、不自信"。每每听到这句话，她的心情都会不自觉地沉重起来。无论强强在学校表现得多么遵守纪律，成绩如何好，和同学相处得多融洽，她还是会带着"我是不是哪里做得不够好？为什么强强会缺乏自信？"的疑问结束和老师的交谈，久久无法平静。强强妈妈自己小时候就是一个害羞、缺乏自信的孩子，她特别不希望强强像自己一样。可当她过于关注"缺乏自信"这个标签时，就很容易忽视强强身上其他的优点。

标签就像我们心里安上的一盏大大的霓虹灯，让人无法忽视！这正是我们作为父母常常面临的困境：由于我们自己的情感经历和担忧，我们可能会过度关注孩子某些看似不足的地方，而忽略了他们的闪光点。如果是那些没有类似经历的父母，可能不会对"缺乏自信"这一评价那么敏感；但对于强强妈妈来说，这个标签触动了她的痛点，导致她不自觉地放大了问题。

标签带来的成长限制

标签带来的限制，不仅出现在我们对孩子的评价中，还常常出现在不经意的比较里。如果我们有两个孩子，可能会觉得大宝总是乖巧听话，而小宝却有点让人操心，或者觉得大宝适合学围棋，而小宝则适合练体育。这样的比较在我们日常生活中非常常见，但如果我们不加注意，就会把孩子固定在某种标签里，限制了他们的发展。

比如，强强在社交上可能不像某些孩子那么外向大方，但他其实是个很有同理心、待人友善的孩子，喜欢在小组活动中照顾别人，这些优点常常被忽视。我们习惯性地把焦点放在标签所指向的那些"不足"上，却忽略了孩子的其他发展空间，长此以往还会影响到孩子的自我认同。

事实上，孩子在成长过程中会经历很多变化，他们的能力、性格和表现也会随着时间的推移不断调整和发展。我们不能以一种静态的视角去看待孩子，就像用一张模糊的照片去描述一个正在变化中的人——这样的理解显然是不准确的。如果我们总是依赖标签去评判孩子，就很容易错过他们在成长过程中展现出的无限可能。孩子的成长不是一蹴而就的，而是一个动态的、持续发展的过程。

塑造内心宽广的初学者心态

如果我们能尝试从一个更广阔的视角来看待孩子，可能会发现很多以往没有注意到的细节和优点。

什么是"宽广心态"呢？让我们用一个简单的比喻来理解：想象一滴红色颜料滴入一小碗水，水很快就会变得通红。但如果同样一滴红色颜料滴入大海，颜色变化几乎无法觉察。这就像我们的心态：当我们把焦点集中在一件负面的事情上时，就像是颜料滴入小碗，问题会显得极为突出；但如果我们能够放眼整片大海，负面情绪的影响便不再那么强烈。宽广的核心，是能接受我们所有的情绪和体验，不管它们是消极的、积极的，还是中性的。当我们放下对负面情绪的执着，把注意力分散到更广泛的体验中时，负面情绪也会自然变小，不再占据我们所有的注意力。

在育儿过程中，专注于孩子的不良行为，可能会让我们忽略他们的优点和潜力。比如，强强在学校可能有时不够外向，但他在小组活动中总是非常善于照顾他人，这种温暖和关怀往往被我们忽视。当我们学会以初学者心态看待孩子时，我们会发现孩子身上更多值得欣赏的优点，开始看到他们更全面的成长和多样的可能性。

西西爸爸的初学者心态尝试

西西吃饭时，总是忍不住插话，别人还没说完她就迫不及待地开始讲自己的事情。最开始，西西的爸爸看到这种情况，会有些不耐烦，觉得孩子怎么这么不懂规矩，总是打断别人。每次他都会忍不住说："你怎么这么不懂事，能不能等一会儿？"

有一天晚上，西西又在吃饭时插话，西西爸爸看着她，心里有些烦躁，但这次他决定先停一下，给自己一点时间。他不再急于批评，而是轻声对西西说："你这么急着说，是不是有什么特别想分享的？"西西兴奋地说："对呀，我就是觉得今天老师讲的那个笑话很好笑，想和你们说说。"西西爸爸这才恍然大悟，原来女儿并不是故意打断别人，而是因为她有很多想法，急着与家人分享。

这时，爸爸没有批评西西，他说道："好啊，那你说吧，爸爸听听。"西西兴致勃勃地把自己想分享的内容说完后，西西爸爸笑了笑："你说得真有趣，爸爸喜欢听你分享。不过，下次如果大家在说话，可以等他们说完再讲，这样大家都能听得更清楚。"西西高兴地点点头。

在这个过程中，西西爸爸并没有过于严厉地纠正女儿，而是平和地给出建议，西西也在爸爸的引导下，逐渐学会了在合适的时机表达自己的想法。

正念中的善意暂停

在上述过程中，西西爸爸停顿之后理解了女儿的需求，而不是直接纠正她，这其实是正念中的一种小技巧——善意暂停。"善意暂停"并不意味着抑制情绪，而是让我们在情绪激动时，有机会停下来反思，觉察内心的感受。

作为父母，我们在面对孩子的问题行为时，往往容易情绪化地做出反应，特别是当孩子的行为触及我们的底线或让我们感到失望时。我们常常会立刻回应，甚至是批评，觉得自己这样做是为了教育孩子，确保他们改正不对的行为。然而，这种快速的反应并不总是有效，反而有时可能让问题变得更加复杂。

当发现自己情绪激动时，不妨先问问自己："这件事为什么让我这么生气？是觉得孩子的行为不妥（评判孩子），还是担心自己没管教好孩子（评判自己）？"这种觉察能帮助我们了解自己的情绪根源。通过这一反思过程，我们能更加明晰自己的情感，也能避免将这些情感转嫁到孩子身上。

涛涛每次为了多看会儿电视，总爱拖着不来吃饭。妈妈喊了几遍耐心就会开始下降，如果孩子还不来，她就会发火："电视关了，喊你几遍了不听？还吃不吃饭了！"但是，这样的吼叫并没有改变孩子的拖延行为。

一天，涛涛又开始拖时间，妈妈决定不再立即反应。她停下来，深吸一口气，问自己："为什么我对这个问题反应这么大？我到底在烦什么？"她意识到，原来自己是担心涛涛这一顿吃得太晚，会影响下一顿的时间，进而打乱生活规律，影响孩子的身体发育。意识到这一点后，她不再急于发火，而是平静地说："涛涛，现在是吃饭的时间，我们都要按时吃饭。"语气中带着坚持，没有传递出明显的焦虑。

涛涛听到妈妈的话，想了一下，说："妈妈，我再看一分钟，好吗？"妈妈点点头："好，妈妈等一分钟。"一分钟后，涛涛在妈妈的提醒下关掉电视，走到餐桌前坐下。妈妈说："好了，咱们吃饭吧。"通过这次冷静的沟通，妈妈意识到，这种坚定而平和的沟通方式，不仅帮助孩子学会了遵守规则，也让亲子之间的关系更加融洽。

善待自己的初学者心态

育儿是一个充满挑战的过程，父母往往会在情绪和压力的影响下做出反应，而这并不总是最理想的方式。谁不希望自己能够做得完美呢？但现实中，总会遇到不如意的时刻。当情绪失控或反应不如预期时，我们往往会感到内疚，认为自己做得不够好。

正念养育的理念提醒我们，育儿并不是追求完美，而是一个不断学习和调整的过程。每一次情绪的反应，每一次的失误，都能成为我们理解自己、更好应对未来挑战的契机。学会善待自己，接纳自己的不足，是我们成长的一部分，也是建立健康亲子关系的关键。

关注孩子的独特性

在育儿的过程中，我们常常会不自觉地将自己的期望投射到孩子身上。于是当孩子的性格或表现与我们的想法有所不同时，我们容易产生焦虑与不安，甚至不自觉地试图将孩子塑造成我们想要的样子。然而，孩子天生就有各自独特的性格和成长节奏，这种独特性是他们的闪光点，也是他们最值得珍视的部分。

作为父母，我们要学会真正尊重孩子的独特性，理解他们有自己的成长节奏和方式。孩子并不需要符合我们设定的框架或标准，而是应该以自己独特的方式发光发热。初学者心态让我们放下那些固有的期待，从孩子的角度看待他们的行为，真正理解他们的内心世界。每一个孩子，都是一个充满无限可能的个体，他们的天赋和潜力，远远超出了我们狭隘的预设。

当我们真正尊重孩子的个性时，孩子会在宽松和包容的氛围中自由成长，发现自己独特的才能。而我们作为父母，也能在这种尊重和接纳中收获更多的喜悦和满足。

育儿不是一场强加规则的战争，而是一场彼此理解、共同成长的旅程。每一次调整，都是我们与孩子共同学习和进步的过程。给予孩子更多的空间，尊重他们的独立性，我们会发现，育儿的过程不再充满压力，而是变得更加温暖、充满希望，孩子也会在这片宽广的天空下，找到属于自己的方向。

在育儿中关注自己的身体需求

觉察身体的界限

育儿不仅是情感的投入，它更是一项需要身体力行的任务。每一个看似平常的养育行为背后，都藏着父母无声的付出。无论是长时间抱着孩子哄睡、熬夜照顾生病的孩子，还是面对孩子突如其来的需求、无休止的家务，父母的身体常常在不知不觉中被透支。"等孩子睡了我再休息"或者"等忙完了就好"，这些看似合理的借口，让我们一直忽略着自己身体的过度消耗。

身体的信号不容忽视

当我们的身体长时间处于被忽视状态时，疲劳的积累终究会显现出来。这不仅是身体的疼痛，更多的是那种悄然积累的压力，它无声地影响着我们的情绪和心情，渐渐地也影响到我们与孩子的互动。当孩子情绪失控时，我们也会不由自主地变得急躁，甚至情绪失控，事后又带着懊悔和自责反思："为什么我又发火？"这些情绪的波动，往往是因为我们没有及时关注自己身体发出的信号。

关注身心需求的平衡

身体和心理是紧密相连的。当我们忽视身体的信号时，我们的心理也在悄然承受着压力。疲劳不仅会让我们的情绪变得不稳定，还可能导致我们对孩子的需求反应迟缓，甚至让我们在面对育儿中的挑战时，产生焦虑、无力感。当我们能够关注身体的界限时，也能更加敏锐地觉察到情绪和心理的边界。这不仅有助于我们更好地照顾自己，也让我们在育儿过程中，能更加清晰地为孩子设定健康的界限。

潇潇妈妈每天都在工作和育儿之间奔波，早上起得早，晚上熬得晚。身体的疲劳逐渐积累，她开始感到肩膀酸痛，背部也有些僵硬。每当这些信号出现时，她总是告诉自己："再坚持一会儿，忙完这一阵就好了。"但随着时间的推移，这种不适感并没有消失，反而越来越明显。

全身扫描与育儿情境的结合

在理解了身体和心理的紧密联系后，父母可以通过一些具体的练习来觉察和调节自己的身体状态，从而更好地应对育儿中的压力。身体扫描是一种全面的练习，适合在安静的环境中花费一定的时间，对身体的各个部位进行细致的觉察。通过这种练习，父母能够更加深入地感知肩膀、背部、手腕等部位的紧张感和疲劳感，从而更清楚地了解自己身体的状态，并及时调整日常生活中的不良习惯。

潇潇妈妈可以每天抽出10分钟的时间，静静坐下，集中精力进行身体扫描。她可以逐一感知身体各部位的感觉，尤其是肩膀和腰部，因为这些部位经常承受较大的压力。如果她长期感到身体不适，可能需要去医院做检查，确保没有潜在的健康问题。医生的建议可能能帮助她调整姿势或进行一些放松运动，从而更好地缓解身体的疲劳。

全身扫描是一项简单却有效的练习，通过它，潇潇妈妈可以更敏锐地觉察自己身体的感受，从而放松紧张的部位。具体方法见本书第109页"全身扫描"部分。

微扫描：快速应对育儿中的压力

育儿中的压力和情绪变化是不可预测的，尤其是在孩子情绪波动或突发状况时，父母需要更迅速的应对方式。这时，微扫描作为一种更加即时、简短的练习，能帮助父母在高压时刻快速觉察身体的反应，并及时调整情绪。微扫描并不需要长时间的静坐或深度觉察，而是通过几秒的自我觉察，帮助父母迅速识别身体的紧张感，比如肩膀的僵硬或呼吸的急促。这种觉察可以帮助父母停下来，避免情绪失控，从而更冷静、理智地应对孩子的需求。

暂停并深呼吸

当情绪高涨时，第一步是暂停一切，停止当前的活动。给自己几秒，做几次深呼吸。深呼吸不仅有助于放松身体，还能帮助你迅速调整注意力，回到当前时刻。吸气时，慢慢地数到4，确保气息充满肺部；然后，缓慢地呼气，也数到4。这个简单的呼吸练习，可以快速让你的身体从紧张状态中恢复过来，为接下来的应对做好准备。

觉察身体的紧张感

在深呼吸的同时，注意身体的各个部位，特别是容易因压力而紧张的地方。例如肩膀、脖子、肚子等。通过感知这些部位的紧绷感，你能更加清楚地意识到压力的来源。身体的这些小信号帮助你迅速定位哪里最需要关注，是放松的重点。此时，保持觉察，不需要对这些紧张感做过多的判断，只需简单地认识到它们的存在。

放松并调整情绪

利用深呼吸帮助放松这些紧张的部位。轻轻地吸气，将气息送入紧张的区域，然后在呼气时，想象这些紧张感慢慢消散。通过这种放松练习，你会发现自己逐渐恢复冷静，情绪也随之缓和。这时，你能够更加清晰地

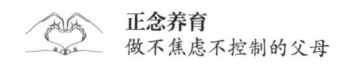

思考，避免因为过度紧张或焦虑对孩子的需求做出过激反应。

当面对孩子的吵闹时，潇潇妈妈可以运用"微扫描"练习，停下手头的事情，先做几次深呼吸。此时，她可以迅速觉察肩膀、胸部等部位是否有紧绷感。通过这几秒的自我觉察，她能够有效地放松身体，调整情绪，避免因焦虑或急躁而做出过激回应。

觉察身体，连接心灵

身体觉察不仅是为了放松，它和我们的情绪管理息息相关。学会倾听自己身体的声音，可以帮助我们在育儿过程中保持冷静和理性。身体发出的信号就像是情绪的"预警灯"，它提醒我们：当肩膀开始僵硬，呼吸变得急促时，我们可能已经处于情绪紧张的边缘。如果我们能够通过身体扫描和微扫描练习，在情绪失控之前觉察这些微妙的变化，就能够及时调整情绪，避免被压力左右。

每一次的身体觉察，都是一次自我关爱。只有当我们关注到自己身体的需要，才能在面对育儿中的挑战时保持理智和耐心。忽视这些身体信号，情绪容易在不知不觉中失控，进而影响与孩子的互动。但如果我们能够及时放松身体，调整呼吸，内心也会随之平静下来，这样能够以更加冷静的态度去回应孩子的需求。

我们可以尝试每天早晨抽出几分钟进行简单的拉伸或深呼吸练习。通过身体的放松，我们能更加敏感地觉察到紧张，及时缓解情绪压力。如果面对孩子的争执或突发情况，我们能够停下来几秒，进行深呼吸和自我觉察，放松身体，就能避免急躁的回应，保持情绪的平稳。

身体的觉察与情绪调节是紧密相连的。情绪的平稳不仅依赖于外部环境的平稳，更取决于内心的平静和对身体信号的敏感觉察。当我们能够保持冷静和理性时，我们的情绪不再是无法掌控的洪水，而是一股温和的清流，流向孩子的心田。孩子感受到我们的平静，他们的内心也会变得更加稳定，从而形成一种正向的循环。

从自动反应到有意识地回应

当孩子情绪失控、不听话时，我们可能会下意识地提高声音、责备或回避。这些自动反应虽然可以迅速"压制"孩子的行为，但它们忽略了孩子内心的真实需求，也容易让亲子关系陷入冲突。正念养育的关键之一，就是帮助我们跳出这种反应的循环，用更加平和、理性而又充满理解的方式回应孩子。

压力衍生出的思维反刍

要打破自动反应的惯性，我们首先需要理解压力是如何通过思维影响情绪的。每当面临压力，许多父母往往不自觉地陷入思维反刍的旋涡，反复琢磨、过度担忧，就像牛吃草时，将已经咀嚼过的草重新吐到嘴里，反复咀嚼、重新消化，却始终得不到什么新的东西。我们不断"咀嚼"自己的焦虑和担忧，只会让自己感到更加疲惫和焦虑，情绪也变得愈加沉重。就像《斑马为什么不得胃溃疡》一书中提到的，尽管我们和动物一样，遇到压力时会有"战斗、逃跑或僵住"的自然反应，但人类常常在这些生理反应后，加入更多反复的思考，这种下意识的思维反刍往往让我们无法走出困境。

每当遇到一些棘手的情况，尤其是在孩子成长过程中那些让人焦急的时刻，我们很容易不自觉地开始反复思考，过度推测。"如果再这样下去，未来可怎么办？"然而，这些"思考"所带来的"结果"往往并非问题的本质，反而会让问题变得更加错综复杂，情绪也变得愈加难以驾驭。如果我们能意识到这一点，就能从这些不必要的思维反刍中脱身出来，重新聚焦于问题的核心，减轻那些无形中加重压力的焦虑念头。毕竟，压力和挑战是生活的一部分，无法避免，但我们是否通过这些反刍思维放大它们，却掌握在我们自己手中。

压力背后的情绪累积

从自动反应到有意识地回应，并不是一件容易的事。我们的情绪反应，往往是由长时间积累的压力、焦虑和疲劳引发的。在育儿过程中，压力无处不在。工作、家务、孩子的需求常常让我们感到精疲力竭。在这种压力下，我们往往没有时间或精力去反思自己的情绪，甚至没有意识到自己是在"反应"而不是"回应"。这些反应就像是内心压力的释放，快速而本能地爆发出来，似乎是对孩子行为的一种"应急处理"。然而，正是这种无意识的反应，让我们忽视了孩子的情感需求，也让自己陷入了无休止的情绪波动中。

转变的困难还在于，长期以来这种反应模式已经形成习惯，它们几乎是条件反射。每当我们感到焦虑或疲惫时，情绪的波动就会自动触发。这就像是在心中有一个隐形的按钮，一旦按下，我们就会迅速做出反应。要打破这种惯性，我们首先需要意识到，这种反应背后隐藏的情绪和压力，并学会给自己一些空间，去觉察和理解自己的情感，而不是简单地让它们统治我们的行为。

从有意识地暂停开始

尽管这种转变充满挑战，但它并不是无法实现的。通过正念练习，我们可以逐渐学会如何在情绪波动中"暂停"。感到情绪失控时，我们可以给自己几秒的时间，停下来，深呼吸，观察自己的身体和情绪反应。这几秒的暂停，虽然短暂，却能够为我们带来不同的视角，帮助我们识别情绪的来源，甚至看到自己内心深处的压力、焦虑和疲劳。

比如，当孩子磨蹭不愿做作业时，很多父母的第一反应就是急躁和不耐烦，可能会脱口而出："怎么拖拖拉拉的，赶紧做作业！"这一反应往往是下意识的，我们没有意识到自己内心的焦虑或者对孩子成绩的担心。而这些情绪，并不完全是因为孩子的行为本身，而是源自我们对"事情没有按预期发展"的焦虑。

这时，正念练习可以为我们提供重要的帮助。通过正念练习，我们学会在情绪波动的瞬间停下来，深呼吸几次，问自己："我现在为什么这么生气？真的是孩子不做作业让我生气，还是我内心的焦虑和担心影响了我？"这种短暂的自我觉察，虽然只是几秒，但能帮助我们从情绪的旋涡中抽离出来，看清问题的根源。

在暂停中，我们学会"与情境共处"，而不是"反应情境"。这表示，我们不仅要观察自己内心的反应，还要真正接受情境本身，理解和接纳当下的压力与挑战，不急于反应或逃避。神经心理学的研究表明，这种暂停不仅能帮助我们冷静下来，更能帮助大脑提高自我控制的能力。也就是说，通过这种暂停，我们能更清晰地观察自己的情绪，判断眼前的情境，并有意识地决定如何回应，不被情绪牵着走。

在这种冷静思考的过程中，我们不仅能理清思路，还能设定更加合理的边界。比如，我们可以在情绪稍微平复后，对孩子说："我知道你现

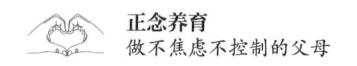

在不想做作业,但我们得先做完这些才能去做其他的事情。"

三分钟呼吸空间

三分钟呼吸空间是一个帮助父母在压力情境中快速恢复冷静、调整心态的正念练习。它通过简短的步骤,帮助我们在情绪激烈时"停下来",避免冲动反应,从而以更理性、有意图的方式回应孩子。这三分钟看似短暂,但它能显著影响我们的育儿方式,让亲子关系变得更加平和。

停下来,识别情绪

在育儿的过程中,情绪化的反应往往让我们错失和孩子有效沟通的机会。当孩子的行为让我们感到不满时,内心的焦虑、愤怒和失望可能立刻涌上心头。这时,停下来并意识到自己的情绪状态非常关键。通过几秒的暂停,我们能迅速识别出自己的情绪是愤怒、焦虑还是疲惫,然后从情绪中抽离,避免自动化反应。比如,当孩子拖延做作业时,我们的第一反应可能是焦虑。然而,通过三分钟呼吸空间,我们可以意识到,焦虑其实来源于对孩子未来表现的担忧,而非仅仅是孩子的行为本身。

专注于呼吸,放松身体

情绪的识别只是第一步,接下来的关键是专注于呼吸。情绪激动时,我们的呼吸通常变得浅而急促,身体也会感到紧张。深呼吸帮助我们平复情绪,并让身体恢复平稳。通过关注呼吸,我们不仅能够恢复冷静,还能释放身体的紧张。比如,潇潇妈妈在看到孩子拖延时,通常会感到焦虑。这时,她会停下来,深呼吸,感受肩膀的紧张,慢慢放松,几秒后,她发现自己不再那么急躁,能够更理智地面对孩子。

扩展觉察,思考回应方式

当情绪逐渐平稳后,我们的思维变得更加清晰。此时,我们可以思考如何最有效地回应孩子。通过反思，我们可以找到一个既能表达理解，又能保持规则的回应方式。三分钟呼吸空间之所以有效，是因为它提供了一个喘息的机会，帮助我们迅速从情绪中恢复。无论是家庭琐事、孩子的情绪，还是自己的压力，这些都很容易让我们失去冷静。通过这个简单的练习，我们能够在高压时刻调节情绪，保持理性，从而避免冲动的反应。

识别负面思维，打破情绪反应的恶性循环

在育儿过程中，我们常常会因为孩子的行为或情绪而产生一些负面的想法。这些想法并不是单纯反映孩子的行为，而是我们内心的情绪在发酵。

正念的练习帮助我们识别这些负面想法，而不是让它们控制我们的反应。它提倡在情绪激烈时停下片刻，观察并接受这些想法的存在，而不是立刻做出反应。这种暂停可以帮助我们意识到，许多时候这些想法并不是真实的，而只是情绪的产物。

这种方法并不是要求我们避免对孩子有期望，而是教会我们如何以更温和的心态来表达这些期望。通过正念，我们学会放下负面思维和自我批评，更加理性地思考如何回应孩子的行为。就像在孩子做作业拖延时，我们不再急于责备，而是给自己几秒的暂停，问自己："我的焦虑来自哪里？是孩子的作业完成情况不佳，还是自己内心的不安？"通过觉察这些想法和情绪，我们能够理性地转向温和、建设性的回应。当我们能控制情绪背后的负面思维时，我们与孩子的互动也会变得更加和谐与富有建设性。

建立新的育儿模式

育儿是我们生活中最具情感和满足感的部分之一。通过孩子的成长，我们不仅能重新感受到童年的纯真，还能和孩子一起经历那些属于他们的发现和成长时刻。无论是孩子看到窗外的小鸟，还是在花园里发现一只蜗牛，都会让我们重新感受到世界的美好和纯粹的喜悦。育儿给了我们体验新鲜、独特经历的机会，也让我们从不同的视角理解孩子的情感和世界。

在育儿的过程中，我们也常常能修正过去的一些遗憾，做出与父母不同的选择。比如，曾在缺乏陪伴的家庭中长大的妈妈，会尽量用更多的时间陪伴孩子；曾经经历过严厉管教的父亲，也会避免重复过去的方式，给孩子更多的宽容和理解。这些选择不仅是为了孩子的健康成长，也是为了弥补自己过去的缺憾。

然而，育儿中强烈的情感联系有时也会成为陷阱。与孩子的亲密互动让我们的情绪更加敏感，喜悦与幸福并存的同时，愤怒、失望和焦虑也会相伴而生。当我们不自觉地将自己的情感投射到孩子身上时，往往会做出曾经发誓不做的事，或说出自己的父母曾说过的话。这些情感反应常常比我们有意识的育儿理念更为强大。通过正念，我们能够更加清晰地觉察这些反应，认识到自己在育儿过程中存在的盲点，并在此基础上逐步建立一种更加理性和温和的育儿模式。

父母的童年经历影响育儿方式

每个人的童年都有自己独特的色彩，而这些经历往往影响着我们如何抚养自己的孩子。有时，这种影响是显而易见的。例如，我们可能会不自觉地模仿父母的做法，或者在某些重要的育儿决策上延续自己童年的文化或宗教背景。这些影响往往是无形的，深藏在我们的情感反应和行为之中。我们或许在不知不觉中作出了和父母不同的选择，试图弥补自己童年时期的某些缺失或遗憾。育儿不仅是帮助孩子成长，也是在与自己的过去对话，这个过程常常充满了情感和反思。

小娜从小生活在一个极其注重纪律的家庭，父母对她的要求非常严格，几乎没有给她任何自由。长大后，她也潜移默化地把这种教育方式带入了自己对儿子的养育中。每当儿子小宇做事拖拉时，她就会毫不犹豫地训斥他，认为这样才是对孩子负责的表现。

图式和亲子互动的关系

在我们成长的过程中，我们与父母或照顾者的关系深深地影响了我们如何看待自己和他人。这种影响往往通过一种叫作"图式"的心理模式表现出来。简单来说，图式是我们在童年时期通过与父母的互动，逐渐内化成的一种情感和认知框架。它不仅是我们对周围世界的看法，也涉及我们如何理解自己和他人的情感。很多时候，这些图式的存在是自动的，甚至我们自己都未必能觉察到它们。但正是这些潜藏在我们内心深处的图式，决定了我们如何应对生活中的挑战，如何与他人建立联系。它们深深影响了我们的行为，尤其是在育儿过程中，我们会无意识地将这些图式传递给我们的孩子。

小丽的爸爸小时候常常因为工作忙碌而忽视了她的情感需求，这让她在成年后，特别是在为人母亲时，变得格外敏感和焦虑。每当她的女儿琪琪不愿意和她分享心事时，小丽的内心就会产生深深的不安，甚至开始担心自己是不是像父亲一样没有给予孩子足够的关爱。

当这些图式在我们生活中被触发时，常常让我们的情感反应变得非常强烈，甚至与实际情况不相称。比如，当我们感到愤怒或无助时，潜藏的"愤怒的孩子"模式会悄然启动，带来一阵情绪的波动。此时，我们可能会对孩子的一些小错误做出过度反应，不自觉地说出父母曾经对我们说过的那些严厉话语，强烈的情绪如潮水般汹涌而至，让我们难以理智控制自己，忽略了孩子此刻的真实需要。

觉察图式的激活

有时候，孩子的一些行为可能会触发我们内心深处的旧情感，尤其是在我们容易情绪波动时，图式会悄然被激活。比如，孩子犯了一些小错误，而我们却不自觉地生气、焦虑，甚至过度反应。我们可能会发现自己突然变得像小时候那样愤怒，或者说出父母曾经对我们说过的话。这时候，正念的觉察就显得尤为重要。它能帮助我们停下脚步，意识到自己正在经历的是一种情绪反应，而不是对当前情境的真实反应。

小明今天又不想写作业，拖拖拉拉的。每当这种情况发生，小明妈妈就会感到愤怒，甚至想要发火。她发现自己开始焦虑，情绪愈发激烈，仿佛又回到了小时候面对父母严厉批评时的场景。这个时候，她深呼吸，停下脚步，开始觉察自己的情绪。她意识到自己此刻的愤怒并不仅是因为小明不做作业，而是因为小时候自己因犯错而被批评的恐惧感再次被激活了。

正念的觉察帮助小明妈妈发现，她进入了"愤怒的孩子"模式，心中充满的是被忽视和责备的痛苦。通过这一觉察，她能够避免一味地让情绪控制她的行为。冷静下来后，她重新审视情况，并选择用更冷静、更理智的方式与小明沟通。

区分"儿童反应"与"父母反应"

当图式启动时,我们通常会表现出"儿童反应"或"父母反应"。这两种反应源自我们自己在成长过程中内化的情感和行为模式。当我们做出"儿童反应"时,可能会感到脆弱、易怒或无助;而做出"父母反应"时,则往往表现得更苛刻、严厉,甚至采取惩罚性行为。这些反应并不是出于孩子的真实行为,而是源于我们内在情感的触动,这种情感可能与我们自己曾经的成长经历密切相关。

"儿童反应"——情感的自动化反应

"儿童反应"是指我们在育儿过程中,无意识地表现出某些源自童年时期的情感反应。这些情感反应通常与我们在成长过程中经历的压力、创伤或者未得到满足的需求相关。当孩子的某些行为让我们感到不安或不满时,我们的反应可能会回溯到童年时期,自动化地呈现出我们当时的情感状态。这种反应往往是出于情感需求,比如渴望被理解、被接纳,或者对过去伤害的防御。

在小明的例子里,小明妈妈在看到孩子不好好写作业时,感到了愤怒和失望。这种愤怒是因为她内心深处的一种情感反应被触发了,她可能会回想起自己小时候因为"不完美"或"不听话"而受到批评的经历,那时她并未得到足够的理解和支持,反而感受到了父母的冷漠和严厉。这种未解的情感使她在面对小明的拖延时,反应过度,甚至想要通过责骂来控制局面。

这就是"儿童反应"在起作用。当我们的反应超出了当前情境所需的范围,情绪过于激烈时,很可能就是我们内心深处未愈合的伤口在作祟。正念的觉察帮助我们识别出这种反应背后的情感源头,使我们能够暂停并反思:这真的是孩子的行为所引起的吗?还是我的内心情感在操控着我？

"父母反应"——从权威到责任的转变

与"儿童反应"不同，"父母反应"更侧重于我们作为父母所扮演的角色。当我们进入"父母反应"模式时，我们的行为往往带有更强的权威性和控制欲，这种反应通常出自一种内在的责任感，即我们认为需要"教会"孩子如何守规矩、如何负责。这种反应有时可能是积极的，帮助孩子树立规则感和责任感，但也可能变得过于严厉，伤害到孩子。

在小明妈妈的例子中，当她意识到自己情绪失控时，可能会想要立即采取"父母反应"模式，施加惩罚。她觉得："如果不马上制止小明的拖延，他就会养成不对自己的学习负责任的坏习惯。"这种反应看起来是出于教育孩子的良好意图，但事实上是一种权威性和控制性过强的做法，忽视了孩子内心的需求和情感。这种反应并不会真正帮助到孩子，反而会让小明感到压抑和恐惧，甚至产生抗拒心理。

正念在这里起到了至关重要的作用，它能帮助我们意识到，作为父母，我们不一定总是需要以"父母反应"的方式来处理孩子的行为，尤其是在孩子表现出对抗或无助时。我们可以尝试理解孩子行为背后的情感需求，给予孩子支持和引导。我们可以问问自己：孩子的行为真的需要惩罚吗？还是他感到了压力和困惑呢？通过正念的觉察，我们能够认识到，小明并不是故意不完成作业，而是他在面对学业压力时感到迷茫和焦虑。

在这种情况下，我们不妨和孩子一起探讨一些更有效的方式，比如时间管理技巧，并鼓励孩子主动承担责任。这样的方式不仅能减轻孩子的压力，也能增强亲子之间的信任与合作。

通过正念的练习，我们能够更好地识别自己在育儿过程中可能做出的"儿童反应"和"父母反应"，并学会在这两者之间找到平衡。当我们能够理智地回应孩子的行为时，我们不仅能更好地理解自己的情感，也能为孩子创造一个更加理解、支持和建设性的成长环境。

养育中的冲突

冲突是不可避免的

很多时候，我们在节日贺卡或家庭照片中，看到的都是充满笑容的瞬间。孩子们欢笑，家人们亲密无间，似乎一切都那么和谐。这样的画面让我们觉得家庭生活应该是温馨的、无忧无虑的。

然而，现实中的家庭生活并不总是如此。孩子渐渐长大，开始有了自己的主见，渴望独立，但父母依旧习惯性地希望掌控一切，这种代际矛盾会引发冲突；而夫妻之间，也可能因教育孩子的方式、家庭责任的分担等问题产生分歧。每个家庭成员都在追求自己的目标与幸福，而这些目标并不总是完美契合。不过，正是通过这些冲突，我们才能更好地理解彼此，并寻找合适的解决方式。

父母与孩子之间的冲突

父母和孩子之间的冲突是最常见的，几乎每个家庭都会经历。随着孩子逐渐长大，他们的独立意识日益增强，开始有了自己的想法和做事方式，这时父母和孩子之间的观念和期望就容易产生分歧。孩子希望按照自己的节奏生活，而父母却希望孩子遵循一些规则或约定。比如，孩子不愿意按时做作业，或不愿意听父母的劝告，这让父母感到焦虑和失望。

特别是在青春期，孩子的独立意识愈加强烈，他们渴望更多的自由和隐私，这时亲子关系常常会变得紧张。虽然这种冲突会让父母感到沮丧，但它并不意味着孩子不再爱父母，或者父母不再关心孩子。这些冲突是成长过程中自然的一部分。关键是，父母要通过冲突更好地理解孩子的需求，并调整自己的教育方式；而孩子也应通过这些冲突，学会如何处理人与人之间的矛盾，学会如何表达自己的需求和情感。

夫妻间的冲突

夫妻之间的冲突同样是家庭生活中的难题，尤其是在育儿、家务分担、经济状况等方面，夫妻双方经常会因为看法不同而发生争执。比如，有时一方觉得应该对孩子进行严格管教，而另一方则认为应该更宽松；或者在家务分配上，一方觉得自己承担了更多，对另一方感到不满。这样的冲突不仅让夫妻感到沮丧，还常常波及亲子关系，影响到我们与孩子的互动。

然而，夫妻间的冲突并不必然意味着婚姻的危机。当我们能够以平和的心态面对冲突，通过耐心倾听和沟通来理解对方的感受和立场时，冲突就不再是威胁，反而成为增进了解的机会。正念可以帮助我们在面对冲突时保持觉察，避免过度反应。当我们保持冷静，倾听对方的想法与感受，理解彼此的立场时，冲突反而有助于增进对彼此的理解与感情，增强夫妻关系的稳定性。

冲突如何影响亲子关系

当冲突发生时，我们常常会感到不安、焦虑，有时甚至会产生挫败感。其实，这些情绪是正常的。毕竟，我们希望孩子能够健康成长，拥有独立和自主的能力，但又担心他们在成长过程中走偏。特别是孩子进入青春期，开始探索自我、追求独立，我们往往感受到一种失控感。这时候，亲子之间的情感可能变得微妙，我们可能会觉得彼此之间的距离越来越远。

然而，冲突本身并不意味着关系的破裂。相反，它是我们彼此了解、沟通的一个机会。问题不在于冲突的发生，而是在于我们如何在冲突中找到共识，修复我们之间的裂痕。比如，孩子不理解我们的担心，我们也没能完全站在他们的角度去看待问题。这样的误解和隔阂常常让亲子关系变得紧张，但如果我们能耐心倾听，尝试理解孩子的需求，并表达我们真实的想法，往往能帮助我们更好地解决问题，甚至让关系更加亲密。

如果这些冲突长时间得不到有效解决，未解的情绪可能会沉积，影响我们和孩子之间的信任与情感联结。冷战或回避并不会让问题消失，反而会让矛盾变得更加复杂。因此，及时的沟通和情感修复显得格外重要。通过坦诚地对话，分享彼此的感受，我们不仅可以解决当前的问题，还能加强彼此的情感联结。重要的是，我们不仅要表达关心和理解，也要让孩子感受到我们的支持和接纳。

在亲子关系中，我们并不完美，孩子也一样。冲突不可避免，然而每一次冲突都是我们成长和相互理解的机会。如果我们能修复这些裂痕，我们的亲子关系反而会因为这些经历变得更加坚固和深厚。

冲突的处理方式：修复而非回避

冲突之后如何修复关系是亲子互动中的一个重要课题。很多时候，我们会觉得冲突发生后，最好是各自冷静一段时间，避免更多的争执。这是自然的反应，因为当情绪高涨时，我们往往很难清晰地思考和沟通。然而，长时间的回避并不会让问题消失，反而会加深彼此的隔阂。

在冲突后的修复过程中，最重要的就是沟通和情感交流。我们可以通过一些简单而有效的方式来修复亲子关系，比如，冷静下来后和孩子坐下来谈一谈，倾听孩子的想法，向孩子表达自己的感受，而不是急于纠正或施压。

修复关系的过程中，一些方法能帮助我们更好地进行情感交流。例如，我们可以在冲突后采取短暂的正念练习，先深呼吸几次，帮助自己回到当前的情境，感知自己身体的反应。然后，和孩子坐下来，用开放性的问题来引导对话："我有些事情想和你说，我们能聊聊吗？""你现在怎么想？"这样的方式不仅让孩子感受到被尊重，也让自己在沟通中更加平和。修复的过程不仅是恢复表面的和谐，更是在重新建立信任与理解。

用换位思考进行自我调节

冲突常常带来强烈的情绪波动，而这些情绪往往主导了我们的反应。作为父母，当面对孩子的挑战时，我们可能会觉得自己的权威受到了威胁，或者是无法控制局面，这时候情绪的波动就会变得更加剧烈。因此，在冲突中调节自己的情绪，冷静处理矛盾，是非常关键的。

一个有效的方法就是换位思考。尝试站在孩子的立场上，理解他们的需求与感受。很多时候，孩子的行为背后其实是他们对自由、独立的渴望。我们可以反思一下，是否有时候自己的反应过于激烈或过于限制了孩子的表达空间。通过理解孩子的处境，可以更理性地调整自己的态度，从而避免情绪反应主导我们的决策。

简单的呼吸练习、短暂的正念冥想，甚至是停下来进行几秒深呼吸，都能够帮助我们迅速冷静下来，重新审视自己和孩子之间的互动。冷静的头脑让我们在冲突中不至于过度反应，能以更加包容和理解的姿态与孩子交流，从而缓解冲突、修复关系。

修复亲子关系的建议

在冲突后,很多父母常常后悔自己的反应过于激烈、处理不当,实际上,这些情绪和反应都是非常自然的。下面是一些具体的步骤,帮助我们在冲突后迅速恢复亲子关系,并通过这种修复建立更深的情感联结。

觉察并管理情绪

冲突发生时,我们的情绪往往会很激烈,可能感到生气、焦虑,甚至无力。这个时候,首先要做的就是停下来,问问自己:"我现在怎么了?是什么让我的情绪这么强烈?"通过这种自我觉察,我们能够稍微理清楚头绪,避免情绪失控做出过激的反应。然后,给自己一点理解和安慰,像对待朋友一样对自己说:"我也在尽力,谁都有情绪波动的时候。"这样自我接纳的方式,不仅能缓解内心的压力,还能让我们稍微冷静下来,为和孩子沟通做准备。

从孩子的角度看问题

当情绪逐渐平复后,我们可以尝试从孩子的角度来看待冲突。在冲突中,我们常常容易认为自己是对的,孩子的行为是错误的。但实际上,站在孩子的立场上去看问题,往往能够发现他们的行为背后是对自由、独立的渴望。试着问自己:"如果我是孩子,这种情况对我来说意味着什么?我是否无法表达情感、需要更多的关注,或者想争取更多的自由?"理解孩子的内心需求后,我们能够更加理性地应对冲突,并找到更适合的方式来解决问题。

倾听并修复关系

冲突后,修复关系的核心在于沟通和情感的交流。当情绪平复后,我们可以主动找孩子沟通,表达自己的感受,也耐心听听孩子的心声。比如,我们可以跟孩子说:"刚才我的反应有点过激,如果我让你感到不舒服，我真的很抱歉。"通过这种诚恳的表达，不仅让孩子感受到我们的理解，也为亲子之间的情感联结提供了机会。孩子在看到父母能够冷静下来并愿意承认自己的不足时，也会学会更成熟地处理自己的情绪，并通过沟通与理解来化解冲突。

培养修复关系的习惯

修复关系不仅是偶尔的努力，还需要成为一种习惯。我们可以在日常生活中有意识地进行情感修复练习，例如在每次冲突后，尝试回顾和总结修复的过程，思考自己哪些地方做得好，哪些部分还可以做得更好。这种长期的修复习惯能够帮助我们在亲子关系中建立更加坚实的信任和理解，避免冲突不断累积，从而为孩子提供一个更加稳定的支持性成长环境。

通过这些具体的步骤，我们会发现自己能够更快地恢复与孩子的亲密关系，甚至在冲突后感受到更深的情感联结。孩子也在这种冲突和修复的过程中，学会了如何面对挑战，调节自己的情绪，并通过有效的沟通来解决问题。

养育中的爱与界限

你还记得第一次抱起刚出生的宝宝时，那份深深的感动和无条件的爱吗？又或者，当看着孩子安静地睡着时，你的内心是否充满了温暖？这种最自然的情感，正是我们所说的"慈爱之心"。

在养育的过程中，爱是我们与孩子连接的桥梁，它让我们包容孩子的缺点，接纳他们的成长节奏。然而，爱并不意味着没有界限。恰恰相反，界限是孩子成长中不可或缺的一部分，它给了孩子安全感，也帮助他们理解世界的规则。设立适当的界限，能使孩子感受到被尊重和保护，从而建立健康的自我意识和与他人的关系。

正念可以帮助我们在与孩子互动时设立清晰的界限，同时也引导我们在内心找到调节和管理情绪的方式。每个人的内心都有爱与愤怒的种子，选择滋养哪一颗，哪种情感就会在心中生长。通过正念的"慈爱之心"练习，父母能更清晰地感受到内心的爱与关怀，觉察并理解复杂的情绪，进而以更加温和、理智的方式应对这些情绪，建立更加亲密和稳定的亲子关系。

"慈爱之心"帮我们理解孩子的痛苦

理解孩子的痛苦，有时并不那么简单。尤其是在忙碌的生活中，我们的情绪很容易被外界的压力所左右，内心常常充满焦虑和疲惫。或许我们很想理解孩子，但内心的困扰和不安让我们无法真正去感受他们的痛苦。那种"心疼"的感觉，仿佛在瞬间被生活的琐碎压制了。于是，我们常常会把孩子的情绪反应当作"任性"或者"不成熟"，忽略了背后未表达出来的更深层次的感受。

正念帮助我们在这一刻停下来，感知当下的情绪和感受，而不急于行动。通过练习正念，我们能够有意识地与自己的情感对话，先接纳自己的困惑和痛苦，再去理解孩子的需要。这种内心的转化，让我们在孩子受伤或不开心时，真正感受到他们的情感，慢慢学会在情绪波动中找到平衡，不让自己的焦虑影响到孩子，从而以更加平和、敏感的方式回应他们。

"慈爱之心"帮我们扩展爱的范围

当心中充满慈爱时,我们不仅能更好地理解自己孩子的需求,还能将这种理解扩展到与孩子互动的每一个人,尤其是在孩子与他人发生冲突时,慈爱之心显得尤为重要。

面对自家孩子与别的孩子的争执时,我们自然会倾向于站在自家孩子的立场去看待问题,觉得孩子受了委屈,心生保护欲,可能会立刻出手调解。然而,如果我们内心充满慈爱,就会避免急于反应,而是停下来,先观察和理解两个孩子的情绪和需求。这个过程中,我们不仅能看到自己孩子的情绪,还能体会到另一个孩子的感受和需求。

妈妈带着圆圆在院子里玩,圆圆兴奋地跑向秋千,正准备坐上去时,贺贺突然跑过来,抢先坐上了秋千。圆圆妈妈看到这一幕,立刻生气了,批评道:"你怎么能抢秋千呢?没看到我们先来的吗?"贺贺听后,悻悻地从秋千上下来,显得有些尴尬和沮丧。

圆圆妈妈突然意识到自己反应太急了,刚才过于专注于自己孩子的感受,忽略了贺贺的情绪,贺贺可能只是太兴奋了。于是她蹲下来,用温和的语气对贺贺说:"阿姨刚才太严厉了,吓到你了吧?你一定很想玩秋千,是不是?但你看,秋千是小区里的玩具,谁先来就能先玩,对不对?"贺贺低头点点头。

接着,圆圆妈妈摸摸贺贺的头,说道:"那我们先等一下,好吗?圆圆下来了就轮到你了。"贺贺开心地答应道:"好!"

慈爱之心是一种大爱,它让我们超越自我的局限,学会从更宽广的视角去体察他人的情感。当父母心中充满慈爱时,我们不仅能更好地理解自己的孩子,还能用更加温暖和包容的心态去对待他人的孩子。

用爱为孩子设限

在育儿过程中,我们常常会感到困惑:明明给予孩子满满的爱,为什么他们有时反而显得越来越任性,缺乏自制力?有时,我们甚至会怀疑,是不是爱太多了,反而让孩子被"惯坏"了?其实,爱和界限并不矛盾,它们是相辅相成的。设立适当的界限不仅能让孩子感受到我们的关心和爱护,还能帮助他们理解世界的规则,培养责任感和自我管理能力。

需要澄清的是,设立界限并不是要变得冷酷无情,而是要在充满爱和关怀的基础上,清晰地告诉孩子哪些行为是可以接受的,哪些是不可以接受的。我们不需要对孩子发火或说狠话,那样反而会让规则变得扭曲和不清晰。真正的规则是保护孩子的,是帮助他们成长的,而非伤害他们的情感。

比如,当孩子在商场里哭闹,要求买某个玩具时,我们会觉得尴尬或焦虑。为了避免更大的麻烦,我们会不自觉地妥协,给孩子买下玩具。然而,这种做法往往给孩子传递了错误的信号:通过哭闹,他们就能得到想要的东西。这时,正念能帮助我们停下来,意识到自己内心的焦虑,冷静地与孩子沟通:"现在不买这个玩具,因为我们家已经有了好多玩具,真正有需要的时候我们再来买。"虽然这样可能不会立即平息孩子的不满,但这是孩子理解规则、学习等待的好机会。

设立界限的目的是让孩子知道,在爱和保护的框架下,我们一起遵守规则。在这个过程中,我们既不会因此伤害孩子的感情,也能帮助他们理解规则的重要性。通过带着慈爱与坚守的态度设立界限,孩子不仅能感到被尊重与关爱,还能理解规则背后的深意,学会在爱的世界里,如何去尊重自己和他人。

守护自己的界限

作为父母，我们不仅要为孩子设立清晰的界限，也需要守护自己的界限。很多时候，在养育过程中，我们会把孩子的需求放在第一位，忽视自己的身体和情感需求。虽然这种无私的付出源于爱，但如果我们总是牺牲自己的时间和精力，长期下来，可能会感到精疲力尽、情绪失控、失去耐心。

守护自己的界限是正念练习的一个重要部分。通过正念，我们可以更清楚地感知自己身体和内心的感受，意识到什么时候需要休息，什么时候该给自己一些空间。这样一来，不仅能保护我们的身心健康，也能让我们在养育孩子时，保持更加平静和理智的态度。

比如，有时我们忙了一整天，晚上已经累得不行，但孩子还赖在床上，拉着我们说："妈妈，再陪我五分钟！"或者"爸爸，讲个故事嘛！"我们心里明白，孩子需要陪伴，但此时我们已经精疲力竭。通过正念的提醒，我们会意识到自己的疲惫，并知道休息也是对孩子的负责。于是，我们可以柔和地对孩子说："今天妈妈（爸爸）真的很累，明天我们可以一起看动画片，好吗？现在妈妈（爸爸）想休息了。"这时候，虽然孩子可能会有些失望，但我们在坚持自己的界限的同时，也没有忽视孩子的感受，而是用平静的方式告诉他们，休息对每个人都很重要。

守护自己的界限，并不是不爱孩子，而是在照顾孩子的同时，也给自己留出一些空间。只有自己身心健康，我们才能更好地陪伴孩子。我们学会了自我照顾，也能传递给孩子一个重要的理念：照顾自己，并不意味着忽视他人，而是让自己更有力量去爱与陪伴。就像飞机上的安全提示：先给自己戴好氧气面罩再给孩子戴。只有先确保自己呼吸顺畅，我们才有余力去照顾他人。

界限背后的未完成情结

在设定界限时，我们不仅是在应对孩子的行为，更是在与自己童年的未完成情结对话。回想小时候，我们可能有过父母以严厉，甚至带有威胁的语气设立界限的经历，这让我们感到害怕、无助，甚至觉得自己被忽视或不被理解。长大后，当我们成为父母，我们可能会下意识地避免给孩子设立太多的界限，因为内心的那个"受伤的小孩"让我们认为，界限会带来痛苦，会让关系变得紧张。于是，当孩子犯错时，我们可能会不自觉地软化自己的态度，尽量避免冲突，甚至为了避免孩子难过而选择妥协。

然而，当孩子的行为越来越难以控制，情绪也越来越激烈时，我们内心的不安和焦虑可能会让我们回到那个曾经感受到压迫的状态，并不自觉地变得严厉。比如，当孩子撒娇要求买不必要的东西时，我们可能会担心他们失望而妥协，或者因为孩子的情绪失控而语气变得更为严厉。这种反应并不是我们有意去伤害孩子，而是过去的经验和情绪在无意识中影响了我们的反应。

其实，让我们痛苦的不是设立界限本身，而是通过粗暴和压迫的态度来宣示界限。界限本身是必要的，它帮助孩子理解规则，也帮助我们保持理性和自我保护。真正的痛苦源自那些情绪化的反应，而正念能帮助我们意识到这一点，让我们能够温柔而坚定地设立界限，同时避免将自己的情绪不自觉地带入其中，在设立清晰界限的同时为孩子创造一个温暖有序的成长环境。

没有终点的正念养育之路

本章分享了正念养育如何帮助我们重塑亲子关系。从打破自动化养育的循环,到用初学者的心态重新审视孩子,再到关注自己的身体和情感需求,所有这些都提醒我们:正念养育不仅帮助我们更好地理解孩子,也让我们在育儿的过程中更加接纳自己。这个过程不仅是孩子成长的旅程,也是我们作为父母的成长旅程。在这个过程中,我们学会了以更加慈爱、坚定的方式设立界限,理解自己和孩子的情感,建立起更加深厚、包容的亲子关系。正念养育的力量就在于它让我们在爱与理解中不断前行,在每一个平凡的瞬间,建立亲子之间的深度联结。

正念养育是一个持续的过程

正念养育的真正精髓在于,它是一个持续的过程,而不是某个可以"到达"的终点。每一天,每一刻,我们都在养育孩子的路上行走,面对的是层出不穷的挑战和不确定性。在这个过程中,我们会经历起伏,时而觉得疲惫,时而感到迷茫,甚至在某些时刻,我们可能会对自己的育儿方式产生怀疑。正念养育并不要求我们达到某种完美的状态,也不意味着我们要永远镇定、自信、无所畏惧。

相反,正念鼓励我们与自己的不完美共处,学会接纳每一个挑战所带来的情感和反应。正如卡巴金夫妇所说,成为"正念父母"并不是一个可以"到达"的终点,而是一个不断走向成熟的过程,是不断陪伴自己和孩子成长的旅程。

每当我们感到自己在育儿路上有些迷茫时,回想正念所教给我们的

"过程"这一概念，我们便能感到一丝宽慰。正念养育教会我们，不是去追求一个固定的"目标"，而是珍惜每个瞬间的体验。孩子的成长本身充满了不确定性和变化，而我们作为父母的成长也是如此。在这个过程中，每一次反思，每一次学习，都是我们变得更加有智慧和包容的机会。

追求过程中的成长，而非完美的目标

在养育孩子的过程中，我们常常设定很多目标，期望孩子在某一时刻能达到某些标准，或者自己能成为理想中的父母。设定目标是非常自然的，但我们可能会在不自觉中过于关注最终的结果，忽略了过程中的细节。当我们把注意力放在"达成目标"上时，我们就容易忽视孩子的情感需求和他们在成长过程中所经历的每一次小小的进步。

正念养育提醒我们，教育的意义不在于完成任务或者达到目标，而在于每一次与孩子的互动，每一个细微的变化和进步。当我们在育儿过程中专注于"过程"，而非急于达成目标时，我们便能够更好地感受到孩子的情感世界，也能理解他们行为背后的动机和需求。

持续学习与自我关爱

正念养育并不只是关注孩子的成长，它同样强调我们作为父母要关注自己的身心健康。在养育孩子的过程中，很多时候我们会把自己的需求放在第二位，投入所有精力去照顾孩子。但如果过度地付出，忽视了自己的需求，长此以往，我们会感到身心俱疲、情绪崩溃。当我们无法照顾好自己时，就很难真正以充满力量和耐心的心态陪伴孩子。

正念养育鼓励我们学会"自我照顾"，这不仅是为了自己的幸福，更是为了能更好地爱和照顾孩子。当我们学会给自己留出空间，学会恢复自己的体力和情感时，我们能够以更充沛的精力面对养育过程中的每一个挑战。通过冥想、深呼吸，或者简单的放松和独处时光，我们可以缓解自己的焦虑和疲劳，为自己充电。

同时，正念养育还鼓励我们作为父母要持续学习和反思。在养育的过程中，我们会遇到不同的困难和挑战，也会感到进步缓慢或者一度停滞。这时，正念告诉我们，不需要对自己过于苛刻，而是要接纳自己的不完美。在每一次反思中，我们都能够意识到自己的成长，也能够发现自己在孩子成长中的角色和价值。

正念养育是一个持续的过程，它让我们不仅关心孩子的成长，也始终关注自己在育儿过程中的成长与改变。在这个过程中，我们学会了如何与自己和孩子共处，如何接纳不完美的瞬间，如何在爱与理解中不断前行。

第六章

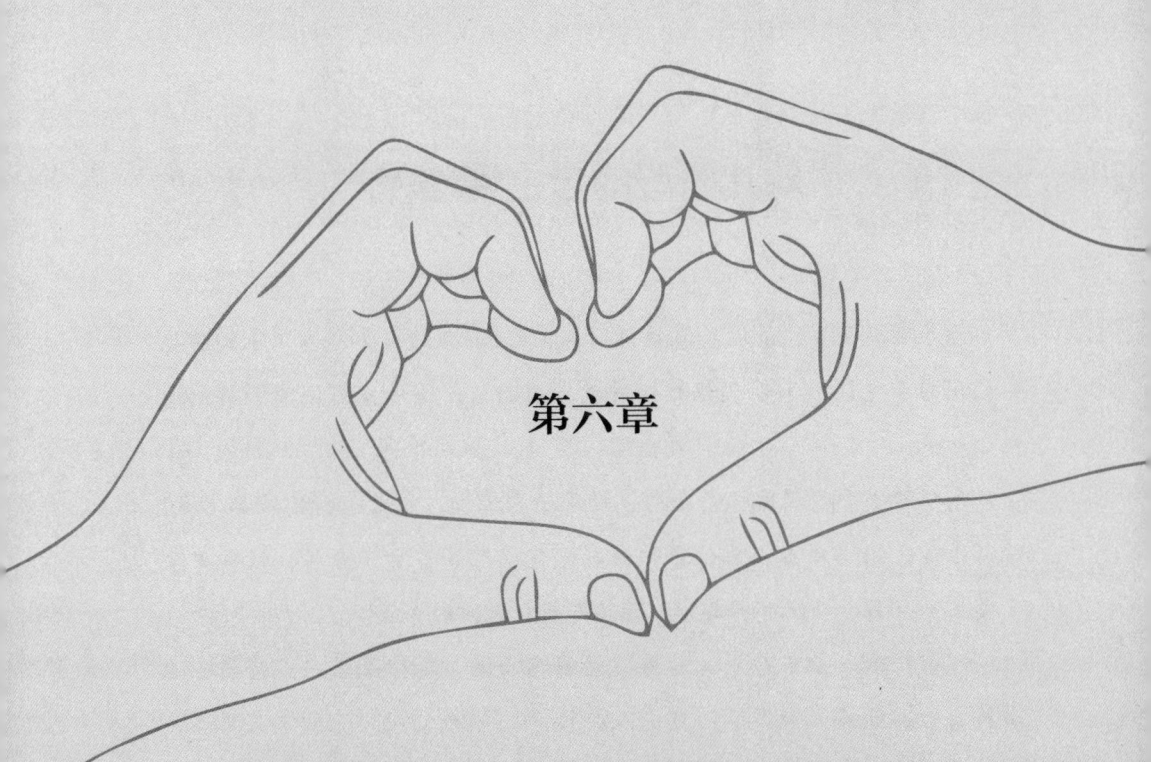

正念养育之助力孩子成长

> 养育孩子，就像陪伴一棵小树成长。从幼芽破土，到枝叶舒展，每个阶段都有它独特的节奏和需求。我们希望孩子能够独立、自信，与他人和谐相处，但有时也会因为过多的期待而忽略了他们成长所需要的支持和空间。
>
> 在孩子的成长过程中，自主性和社交能力是两大关键。自主性让他们敢于探索，学会承担责任；社交能力则帮助他们更好地与世界连接。无论是幼儿期的依赖，学龄前的探索，还是小学和中学阶段对规则与独立的追求，每一步都需要我们用心陪伴与引导。
>
> 这一章，我们将从孩子不同成长阶段的需求出发，探讨如何帮助他们发展自主性与社交能力。每一次理解与支持，都在为孩子未来的成长打下坚实的基础，也让我们看到爱如何在日常中延续和传递。

幼儿阶段的自主性培养

乐乐刚满两岁,最近总喜欢说"我自己来"。这天中午,乐乐坚持要自己用勺子吃饭。乐乐妈妈把饭碗放在他面前,给他系好围兜,鼓励他自己动手。

乐乐的小手稳稳地抓着小勺,动作还算流畅,但每次舀的饭都不多,吃得很慢。妈妈原本以为他很快就能吃完,可等了十几分钟,饭碗里才下去了一小半。妈妈有点着急,但又不想打断他的兴致。

终于,乐乐放下勺子,看着碗里剩下的饭,眼神透出一点疲惫。他小声嘀咕:"妈妈,太多了,我吃不完了。"

乐乐妈妈一边看着他,一边心里泛起疑问:"现在该坚持让他自己完成,还是帮他收个尾?"

幼儿阶段——自主感与羞愧感

乐乐刚满两岁,正处于人生中一个重要的心理发展阶段——"自主感与羞愧感"阶段。这个时期,他对"自己做"的渴望变得尤为强烈。看似简单的行为,其实并不是一时兴起,而是他在探索自主感,尝试建立对自己能力的信心。从"我自己来"到"我能做到",每一次尝试——哪怕是舀一勺饭——都在悄然塑造他的自主感。

如果这时候妈妈打断了他的努力,比如直接把勺子拿过来,说:"算了,妈妈喂你吧,你太慢了!"这可能无意间让乐乐感到自己"不够好""不够快",甚至怀疑自己的能力。长此以往,孩子可能变得小心翼翼，不敢主动尝试，因为他害怕失败会让自己或别人失望。

但是，如果妈妈完全放手，任由乐乐慢慢吃，甚至不管时间是否拖延，他可能会感到任务过于困难，最终放弃，心里暗暗觉得"自己做不到"。这会让他对任务的完成失去兴趣，影响未来的尝试动力。

幼儿家长如何做

作为家长，我们常常担心孩子的速度、效率，甚至结果是否"完美"，却容易忽略孩子在过程中学习的真正意义。孩子并不是天生就会熟练操作，成长本来就是一个慢慢摸索的过程。每一次尝试，哪怕是不完美的，都是他们建立自信和培养独立性的宝贵机会。

在这种情境下，我们的目标不是让孩子迅速完成任务，而是帮助他们感受到"我可以自己完成"的成就感。通过正念的态度和方式，我们可以更好地陪伴孩子的成长。适度的支持和耐心的陪伴，比快速解决问题更能激发孩子的潜力。以下是一些具体的做法：

观察和等待

给孩子一些时间，让他们自己动手尝试。即使他们的动作看起来笨拙，或者结果不是很理想，也不要急于干涉。这种等待本身就是一种鼓励，它传递的信息是："我相信你可以做到。"

观察孩子时，我们可以带着觉察的心态，专注于当下。例如，当孩子舀饭时，注意他专注的表情、小手的动作，而不是想着"多久能吃完"。通过正念观察，我们更容易放下对结果的执念，转而欣赏孩子努力的过程。

提供适当的支持

如果孩子在尝试过程中明显遇到了困难，我们可以适度提供帮助，但不要完全接管任务。例如，当孩子舀饭舀得很吃力时，可以问："要不要妈妈帮你舀一勺？"帮助的重点在于"补充"而非"替代"，让孩子完成主要部分。

同时，支持要有边界，比如只帮忙一次后，鼓励他说："你接着来，看看你还能不能舀得更稳些。"这样既减轻了孩子的挫败感，又保留了他自主完成任务的机会。

肯定努力而非结果

孩子完成任务的结果可能并不完美，但我们的关注点应该放在他的努力上。例如，当孩子自己吃饭时，即使饭碗没有空，也可以说："你今天自己吃了好多饭，妈妈看到你很努力！"这种表扬能强化孩子对努力的重视，而不是让他们因为结果不够理想而感到沮丧。

同时，我们还可以进一步具体化表扬的内容，比如："你刚刚用勺子舀得特别稳呢。"具体的反馈能让孩子更清楚自己的进步。

引导孩子完成任务

当孩子在任务中显得疲惫或者想放弃时，我们可以适当介入，一起完成剩下的部分。例如，当孩子吃到一半时感到累了，对他说："剩下的几口，我们一起来吧！"或者，用轻松的语言和专注的态度激励孩子继续尝试："再来两口，像小火车一样，把饭送进站。"

幼儿"自主性"培养的关键点

处于这个阶段的孩子需要通过"做"来建立对自己的信任。如果我们总是急于接管任务，或因为他们的"不完美"而表现出不耐烦，就可能无意中在孩子心里种下对失败的恐惧。

通过正念的态度，我们可以更好地支持孩子的探索。比如，当孩子用自己的节奏完成任务时，我们可以觉察自己的内心感受，提醒自己放下对速度和结果的期待，更多关注孩子的成长过程。

当乐乐拿着小勺，一口一口舀饭时，他学到的不是单纯的"怎么吃饭"，而是在潜意识里告诉自己："我能做到，我是可以的。"这份自信，才是他未来面对各种挑战时最重要的力量。

对家长来说，找到支持和放手之间的度是关键。一个愿意尝试的孩子，比一个"被照顾得很好"的孩子，更有勇气面对未来的世界。

学龄前阶段的自主性培养

笑笑5岁了，今天她玩了一下午的积木，把地板铺得满满的。到了吃晚饭的时候，笑笑妈妈走过来说："笑笑，把积木收拾好，我们再去吃饭吧。"

"我吃完饭再收吧，现在我很饿！"笑笑转过头，小心翼翼地护住她的"城堡"，显然不想现在动手。妈妈犹豫了一下，看了看墙上的时钟，确实离饭点已经很近了。她最终没有坚持，只是叮嘱了一句："那吃完饭可要马上收拾好哦。"

吃完饭后，笑笑跑去看书，一边看一边跟妈妈说："我一会儿就收。"妈妈没有多说什么，但过了一会儿发现笑笑已经把这事儿忘了。她看着地上的积木，心里默默叹了口气："每次都坚持收拾是不是太死板了？可是这样随意放过，习惯会不会真的养不成呢？"

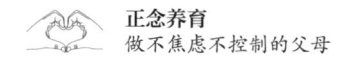

学龄前阶段——主动感与内疚感

5岁的笑笑正处于"主动感与内疚感"发展的关键阶段。这个时期，孩子逐渐学会主动尝试新事物，并希望在过程中感受到自己的重要性和影响力。这种探索不是单纯的好奇，而是他们在试图理解自己的责任与能力边界。

笑笑提出"吃完饭再收积木"，表现了她的自主安排意识——她已经能用自己的逻辑判断并作出选择。然而，后续未能完成收拾的任务，也反映了这个年龄阶段的孩子在执行力上的不足。这种"拖延"并非故意，而是因为学龄前阶段的孩子对时间和计划的掌控能力尚在发展中。

如果妈妈对这件事表现得过于强硬，比如饭后直接批评她："你说好吃完就收的，现在却在偷懒！"笑笑可能会感到内疚甚至挫败，逐渐对自己的选择失去信心。相反，如果妈妈对这件事完全放任，笑笑可能会认为规则可以随意更改，从而影响责任感的培养。

学龄前阶段孩子的家长如何做

笑笑妈妈面临的挑战在于：既希望笑笑学会承担责任，又担心过多的干预会让她感到挫败。每次面对这些选择，家长都可能陷入纠结：坚持规则是不是太死板？但如果放宽要求，孩子会不会养成坏习惯？

在这种情况下，我们需要认识到笑笑的行为是一种探索，是她在尝试找到"规则"与"自由"之间的平衡点。妈妈的反应不仅会影响笑笑是否完成任务，还会塑造她对责任和承诺的理解。

在这种情境下，正念养育可以为我们提供更有温度和效果的支持方式。通过觉察自己的情绪和孩子的需求，可以更好地平衡引导与放手。

以下是具体建议：

明确规则并说明原因

告诉笑笑设定规则的具体原因，这不仅能让她理解规则的意义，还能增强她的责任感。妈妈可以对她说："积木放在地上时间太久，不小心被踩坏了就不好玩了，而且收起来也会让家里更整洁。"

在说明规则时，我们可以有意识地放慢语速，用温和的语气与孩子沟通。这种语气不仅能减少孩子的抵触情绪，还会让她更专注于大人说话的内容。比如："妈妈希望积木能被收好，因为玩具需要我们的爱护。"

给予选择权但设定边界

尊重孩子的自主性是培养主动性的关键。当笑笑坚持"吃完饭再收"时，妈妈可以对她说："好的，那吃完饭后得马上收拾，我们说好啦！"这种方式既尊重了她的选择，又设定了明确的边界，帮助她理解责任和自由是并存的。

在设定边界时，我们可以通过正念觉察孩子的感受，同时明确自己的期待。通过觉察，我们的语言会更平和，也能减少冲突。

给予提醒但不过度干预

在孩子吃完饭后，我们可以通过温和的方式进行提醒，而不是以责备或催促的方式干预。妈妈可以对笑笑说："笑笑，刚才我们说好吃完饭就收积木，现在是时候行动啦。"提醒的语气中带有鼓励，而不是压力，这样孩子更愿意去执行。

提醒时，我们可以用深呼吸来缓解自己的急躁情绪，关注当下的沟通效果，而不是急于完成任务。这样能让提醒更自然，不会让孩子感到被催促或被批评。

表扬完成而非批评拖延

完成任务后，我们尝试关注孩子的努力，而非纠结她曾经的拖延。

当笑笑终于收拾好积木时，妈妈可以对她说："说到做到！真棒！"还可以具体表扬她做得好的部分，比如："你把积木都放回盒子里，还分类摆好了，很细心！"这样的肯定会增强她的责任感，让她感受到完成任务后的成就感。

在表扬时，我们需要关注自己的语气是否真诚，是否专注于孩子的努力而非结果。通过正念观察，我们能更好地传递鼓励，而不是让表扬显得机械化。

引导解决未完成的后果

如果笑笑忘记了收拾积木，不要直接代劳，而是引导她认识到未完成任务的后果，告诉孩子："地上的积木没收好，刚才我差点踩到！"让孩子理解她的行为对环境的影响，同时也体验到对后果负责的重要性。在引导时，我们可以通过深呼吸调整情绪，避免使用责备的语气。用中立的陈述和开放的提问，让孩子在无压力的环境下认识自己的行为。

让规则更有吸引力

规则的执行不一定总是严肃的，它可以通过游戏化和趣味性的方式让孩子更容易接受。例如，在收积木时，可以对笑笑说："我们来比赛，看谁能在3分钟内把积木收完，计时开始！"或者将任务转化为一个角色扮演游戏，比如："你是积木王国的守护者，要把积木士兵送回家！"这些轻松的方式不仅能增加规则的吸引力，还能让孩子从中获得乐趣。

学龄前阶段"主动性"培养的关键点

在这个阶段，孩子需要通过"做"来理解自己的影响力和责任感。家长的任务不是强迫他们完成任务，而是引导他们理解"主动"与"承诺"的意义。

每次孩子完成一个任务，哪怕是收拾积木这样的小事，都会在内心形成一股力量："我可以做到，而且我对自己的行为负责。"这种主动性不仅影响他们当前的行为习惯，还会为他们未来的独立奠定基础。

对家长来说，找到规则与灵活的平衡点是关键。一个愿意主动尝试、敢于承担后果的孩子，比一个被"强迫完成任务"的孩子，更能从中获得成长和满足感。

小学阶段的自主性培养

东东上三年级了，放学回家一进门，他随手把书包丢在沙发上，喊道："妈妈我想先歇一会儿！"东东妈妈想着自己上班回家也会想休息，说："那好吧，休息 20 分钟再写作业。"

东东听了，立刻打开电视看起了动画片。20 分钟到了，妈妈提醒他："时间到了，该去写作业了。"东东扭头看了她一眼："这集马上结束了。"妈妈本想坚持，但又想孩子刚放学回来，多放松几分钟也未尝不可，就妥协了。

过了 5 分钟，东东的动画片终于看完了，却开始拆起茶几上的积木。"东东，该写作业了！"妈妈有些不耐烦了，语气也不自觉地提高了些。东东不情愿地站起来，背着书包走进书房。

过了一会儿妈妈进去看，只见东东一边写作业一边玩橡皮，写了两行就开始发呆。看着他慢吞吞的样子，东东妈妈心里又气又悔："早知道就该让他一回家就写作业！"

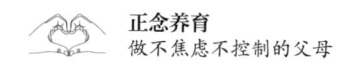

小学阶段——勤奋感与自卑感

上三年级的东东正处于"勤奋感与自卑感"发展的关键阶段。他需要通过完成任务感受到成就感,并逐渐建立对自己能力的信心。在案例中,他选择先休息再写作业,却因为拖延而导致任务完成得不理想。这种情形很常见,反映了小学阶段的孩子在时间管理和任务安排上的不成熟。如果总是这样,孩子可能会逐渐对自己的能力产生怀疑,感到"我不够好",从而影响自信心的建立。

我们看到孩子拖延时,往往会感到着急:是严格要求他马上去完成,还是给他更多自由,让他慢慢找到节奏?其实,过多的批评容易让孩子认为自己总是做不好,失去对任务的兴趣,而放任不管又可能让拖延变成习惯。这个时候,不能简单地要求"快点去做",而是要帮助孩子学会更好地面对任务。

一个简单的作息安排,或者将任务分解成几个小目标,都能让孩子觉得"这件事并没有那么难"。而每一次完成后的肯定,也能让他们感受到"我做到了"的喜悦。这种体验是勤奋感的来源,也是帮助孩子走向独立和自信的重要一步。

小学阶段孩子的家长如何做

东东妈妈面临的挑战在于:既希望他养成勤奋认真的习惯,又担心过于严格的要求会让他产生抵触情绪。每次面对孩子的拖延或任务完成得不够理想时,家长都会纠结:坚持规则会不会让亲子关系紧张?但如果放任不管,孩子会不会一直拖延下去?

在这个阶段,我们需要认识到,东东的行为是尝试探索时间管理和任务规划能力的过程。正念养育可以帮助家长在不增加冲突的情况下，引导孩子逐步建立勤奋感，同时避免他们陷入自卑情绪。以下是具体建议：

明确休息与作业的界限

孩子对时间的感知力有限，明确的规则和工具可以帮助他们更直观地掌控时间。我们可以使用可视化计时器或闹钟来协助管理时间："休息20分钟后闹钟响了，我们准时开始作业。"这样不仅让孩子看到时间的流逝，还能避免家长频繁提醒带来的摩擦。为了增强孩子的参与感，我们还可以和他们一起设置闹钟时间，让孩子觉得自己也是规则的制订者，而非被动接受者。

分解任务，降低心理负担

面对繁重的作业任务，孩子可能因为畏难而选择拖延。我们可以帮助孩子将任务分解成更小的目标，例如："我们先完成5道数学题，然后休息5分钟。"如果任务较多，可以在每完成一个小目标后给予简短的休息或表扬，让孩子感受到阶段性的成就感。分解任务的同时，也可以给孩子提供视觉化的任务清单，让他们在完成后勾选，进一步强化成就感。

正向反馈与自然后果结合

及时的正向反馈能增强孩子对努力的信心，例如："你按时完成了作业，太棒了！现在我们有时间一起玩游戏。"这种及时的认可让孩子更愿意投入下一次任务。同时，自然后果能让孩子理解拖延的代价，比如："如果作业写得晚，可能就没有时间看动画片了。"家长需要注意，在强调后果时语气要温和，将其作为事实陈述，而非惩罚。

避免过度批评，选择引导式对话

当孩子因拖延而任务完成得不理想时，我们要避免直接批评，而是通过开放式提问引导他们思考："今天做作业花了比平时多的时间，你觉得是什么原因呢？"这样的对话可以帮助孩子认识到问题，并为下次改进打下基础。如果孩子感到沮丧，我们可以通过引导说出建设性的话语："下次我们可以试试先做简单的部分，你觉得怎么样？"

当孩子表现出抵触情绪时，心中默念："我和他是在一起解决问题，而不是在对抗。"这种正念觉察可以帮助家长用更温和的态度与孩子沟通。

创造选择感，给予适度自主权

孩子在小学阶段渴望获得一定的自主权，但仍需要家长提供框架支持。例如，可以在任务开始时给他们一些选择权："你想先完成数学，还是先完成语文？"这类问题能让孩子感受到自己的行为被尊重，同时保持对任务的专注。家长还可以尝试进一步讨论选择的结果，比如："你选择先做数学，感觉效果怎么样？"

建立相对固定的作息

帮助孩子建立固定的作息时间，例如，每天放学后有明确的"休息30分钟→完成作业→自由活动"的流程。我们可以通过每天的固定安排让孩子逐渐形成内在习惯，减少拖延带来的混乱感。对于容易分心的孩子，可以使用可视化工具，比如时间表或任务完成进度图，让他们明确每个阶段的目标。

建立成就感储备

孩子的小成就需要被不断强化和积累。例如，可以设置一个简单的奖励机制，将每天的任务完成记录下来，达到一定次数后提供奖励，比如一起外出郊游、看一部喜欢的电影等。这样的正向强化可以帮助孩子在面临更高难度的任务时找到动力，同时让他们感受到努力的长期价值。

允许试错，建立情绪弹性

孩子在尝试新方法时可能会失败，这本身是学习的重要部分。我们需要接纳这些错误，并通过鼓励帮助他们建立情绪弹性。例如，当孩子尝试自己安排作业顺序但效果不佳时，可以说："今天你尝试了自己的方法，虽然效果不理想，但我们可以改进它。"这种方式不仅保护了孩子的自信心，也让他们学会从失败中总结经验。

小学阶段"主动性"培养的关键点

小学阶段是孩子从"游戏为主"逐渐向"任务为主"过渡的重要时期。在这一阶段，孩子通过规则和正向体验，逐步建立对任务的掌控感和自信心。主动性是他们完成任务和探索新事物的动力，也是未来培养独立性和自律的基础。我们需要帮助孩子找到完成任务的节奏，而不是简单地干涉或代替。

勤奋感来源于每一次成功完成任务的体验，而不是对结果或速度的过度关注。我们可以通过具体的鼓励来强化这种体验，例如："你今天试着自己完成了作业，真棒！"这样的反馈能让孩子聚焦于自己的努力，而非害怕失败。此外，帮助孩子理解规则的意义，并通过协商给予他们一定的选择权，比如："休息15分钟后开始写作业，这样可以有更多时间玩。"这种方法能在规则和灵活之间找到平衡。

同时，我们需要接纳孩子成长中的试错过程。当孩子因为拖延未按时完成作业时，可以与他们一起反思："今天没有按时完成作业，是不是因为休息时间安排得不够好？"通过这样的方式，既帮助他们认识问题，也培养了解决问题的能力。家长以身作则，在生活中展现主动性和责任感，更能影响孩子，成为他们学习的榜样。

通过规则、鼓励和适当的引导，家长可以帮助孩子逐步建立主动性和责任感，为他们未来的独立成长打下基础。

中学阶段的自主性培养

形形 14 岁，最近迷上了拍短视频，她不仅记录生活，还会配上有趣的剪辑效果。一天，她兴奋地拿着手机跑到妈妈面前："妈妈，我的视频点赞过千了！还有人留言说等我的下一个作品呢！"

妈妈接过手机，点开视频看了看，问道："你最近天天拍视频，作业是不是没好好写？影响了学习可不好！"

"我都安排好了！"形形撇着嘴说，"我写完作业才拍的，又不是光玩！"

"但网络上这些人你根本不认识，他们的留言真的值得你花这么多时间吗？你知道网络世界有多少风险吗？"妈妈语气里带着一丝严厉。

形形很是不悦，反驳道："我知道怎么保护自己，您不用总觉得我什么都不懂。我只是想做点喜欢的事情，为什么您总是反对？"

妈妈一时语塞，她想尊重形形的兴趣，却又无法抑制心中的担忧："如果不管她，她会不会越陷越深？可如果一味反对，会不会让她更叛逆？"

中学阶段——自我同一性与角色混乱

形形正处于自我同一性发展的关键阶段。在这个阶段，青春期的孩子开始探索"我是谁"，他们通过兴趣爱好、人际互动甚至网络世界来试探自己的能力和价值。对于形形来说，拍短视频不仅是娱乐，更是一种自我表达的方式。她通过视频创作和网友的点赞、评论，感受到了被认可的喜悦，这种体验对她形成自我认同有着重要意义。

然而，青春期孩子的自我同一性探索并不总是顺利的。网络世界的开放性和不确定性可能让他们在追求认同的过程中遇到风险，例如过度关注外界评价、沉迷虚拟世界甚至忽略现实责任。彤彤在表达兴趣时表现出的坚持，说明她渴望掌控自己的选择，但她对风险的认知可能还不够成熟，难以判断长期的利弊。她的行为看似冲动，但实际上是典型的青春期特征。

对于妈妈来说，彤彤的行为往往容易引发复杂的情绪反应：既希望支持她的探索，又担心她无法平衡学习和兴趣，甚至可能陷入网络的负面影响。她的纠结反映了家长在青春期教育中的普遍困惑：如何既尊重孩子的自主性，又帮助他们建立健康的边界？

中学阶段孩子的家长如何做

家长在这一阶段的核心任务是支持孩子的自我探索，同时帮助他们建立健康的边界和良好的行为习惯。孩子的个性差异决定了家长不能采取"一刀切"的方式：有些孩子愿意交流，需要家长主动引导；而另一些孩子对父母的干预表现出抗拒，更需要通过间接支持来调整行为。正念养育的理念并不是额外增加负担，而是帮助家长在复杂情境中保持平和、专注和敏锐，找到最适合家庭的解决之道。以下建议将针对不同情况，为家长提供更具体、生活化的指导。

面对愿意交流的孩子

1. 表达积极认可，增强信任感

当彤彤主动分享她的短视频成绩时，她希望得到的是认可，而不是高高在上的评论或批评，妈妈可以这样回应："我发现你的视频配乐很有创意，画面也剪得很流畅，看得出来你投入了很多心思。"这样的肯定既满足了她的分享需求，也增加了她对家长的信任。

在孩子分享时，我们可以尝试让自己完全专注于孩子的叙述，不忙于提出建议或比较，单纯地感受她的投入和热情。通过专注倾听，传递出"我在乎你正在做的事"的信息，这种接纳能让孩子更愿意与家长交流。

2. 引导孩子思考兴趣的延展性

对于愿意交流的孩子，我们还可以进一步引导她将兴趣与成长结合，比如问："你觉得这些技能还能用在其他地方吗？有没有想过试试新的剪辑风格？"通过开放式问题，帮助孩子将兴趣延伸得更广，而不是局限于娱乐。

在提出问题时，要避免急于给出"正确答案"。可以关注孩子的反应，鼓励她自己表达想法，这不仅让孩子感受到被尊重，也有助于增强她对自己选择的信心。

3. 共同制订作息安排

与孩子商量时间分配，比如每天完成作业后，可以用固定的一小时专注拍视频。可以对她说："你喜欢拍视频，我也希望你能有时间专注去做。不过，学习的任务也要完成好，我们一起来制订个时间表吧。"这样既保护了她的兴趣，又强化了责任感。

面对不愿意交流的孩子

1. 通过观察找到切入点

如果孩子不主动分享，家长可以通过观察孩子的视频、评论区互动，找到值得认可的地方。比如在饭后随口问道："我发现你的视频背景音乐选得特别好，是你自己挑的吗？"进行轻松的提问，而不是质问，孩子可能会逐渐打开话匣子。

我们需要提醒自己，和孩子沟通的目标是建立信任，而不是"马上解决问题"。保持轻松的语气，让孩子觉得对话是自然的。

2. 提供明确底线但不过多干涉

面对孩子不愿配合的情况，家长可以设定底线，比如："每天晚上9

点后不能用手机。"直接说明规则，而不纠结于细节。避免反复质疑"你是不是又在拍视频？"，激化矛盾。

如果执行规则时发生矛盾，我们可以通过深呼吸平复情绪，避免情绪化地争吵或说狠话。把规则当成事实陈述，而不是惩罚或威胁的工具。

3. 创造无压力的对话场景

有些孩子对正式的对话特别敏感，可以尝试在轻松的环境下交流，比如出门散步或开车时随意提起："最近视频拍得怎么样？有什么新想法吗？"这种间接的提问比直接干涉更容易让孩子接受。

通用策略

1. 引导孩子认识网络风险

通过讲故事或讨论新闻，引导孩子理解网络世界的复杂性，比如："有些人会通过评论骗取个人信息，咱们要小心。"同时提出具体建议，比如"可以关闭评论，或者不接受陌生人私信"，帮助她保护隐私。

需要注意的是，讨论网络风险的目的是帮助孩子，而不是让他们害怕网络。语气尽量平和，避免给孩子过大的压力。

2. 让孩子体验兴趣的多元价值

如果孩子投入很多精力拍视频，我们可以鼓励她把兴趣延伸到学习或实践中。比如："你的剪辑技术已经很棒了，要不要试试参加学校的视频比赛？"这种方式可以让她的兴趣更有目标性，也能让她明白兴趣需要持续努力才能更有意义。

3. 鼓励记录和反思

帮助孩子通过简单的方式记录投入的时间和收获，比如用一个小本子记录："今天剪辑花了 2 小时，得到 50 个点赞。"一段时间后，让她自己总结："你觉得投入的时间和结果成正比吗？有没有更高效的方式？"通过这种方式培养时间观念。

4. 支持试错，避免代替孩子解决问题

如果孩子在兴趣探索中遇到挫折，比如视频反响不佳或评论不友好，不要急着安慰或代替解决，可以鼓励她自己思考："这次不太满意，可以怎么改进？"这种支持性的引导能增强她的抗挫能力。

中学生培养自主性的关键点

无论孩子是否愿意交流，教育的关键是找到适合他们个性和需求的方式。愿意分享的孩子更容易接受引导，但他们仍需要足够的空间，在兴趣探索中找到成长的动力。而对于不愿交流的孩子，他们的抗拒往往源于对干预的敏感和对独立性的渴望。家长需要通过更加间接和细腻的方式给予支持，而不是强行推进沟通。

青春期的孩子渴望独立，但这种独立并不意味着完全脱离家庭的支持。他们依然需要家长提供情感上的安全感和指导。家长的任务是创造一个既宽松又有边界的成长环境，帮助孩子在尝试中逐步建立自信和责任感。过多干预容易引发反感，而完全放任又可能让孩子失去方向。因此，家长需要以陪伴者的角色，通过温和的引导为孩子提供必要的支持。

培养自主性并不是放弃指导，而是学会在关键时刻提供适当帮助。比如，当孩子遇到困难时，鼓励他们自己解决问题；当他们取得小成就时，及时给予肯定，让孩子感受到努力的意义。这样的支持能帮助孩子增强自我管理能力，并学会在独立与责任之间找到平衡。

同时，家长需要调整对孩子的期待，接纳他们成长中的错误，并将这些错误视为探索的一部分。青春期是一个试探边界的过程，家长的理解和关怀可以成为孩子最可靠的支持力量。最终，家长的目标不是控制孩子，而是通过适当的引导，帮助他们学会独立思考和自我管理，在未来走得更稳、更远。

学龄前阶段的社交培养

成成三岁半了，今天妈妈带他去小区的沙池玩。他带了一把小铲子和一个小桶，刚坐下不久，一个小女孩走过来，盯着铲子看了一会儿，伸手抓住铲子的柄。成成愣了一下，用力抓紧不放。

妈妈蹲下来，拍拍成成的手，说："成成，把铲子借给妹妹玩一会儿吧，好不好？你可以玩小桶呀。"成成低头看了看小铲子，有点不情愿地松开了手。小女孩拿着铲子挖了起来，玩得很开心。

成成坐在一旁，看着自己的小桶，注意力却落在了小女孩身边的一辆黄色推车上。他站起来走过去，抓住推车的一侧说："我要玩！"小女孩立刻抱紧推车，摇头说："这是我的！"成成皱起眉头，提高了声音："我要玩这个！给我！"小女孩抱得更紧，摇着头说："不给你！"

成成的情绪一下子上来了，伸手去抢推车，嘴里喊着："给我！给我！"小女孩抱着推车大声喊："这是我的！"两个人你拉我扯，推车晃来晃去，沙子撒了一地。

妈妈赶紧过来把成成拉开，一边拍了拍他的小手，一边压低声音说："成成，别抢，别人不想借咱们就不能强要，知道吗？"成成瞪着妈妈，大声嚷道："她玩我的铲子了！"妈妈心里一阵说不出的滋味，对成成说："推车是她的东西，她不想借也没关系，你刚刚愿意把铲子借给她，妈妈觉得你已经很棒了。"

成成撅着嘴，站在那里不动，依然盯着推车，嘴里不停地嘟囔："她

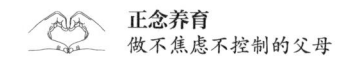

不借我……她不借我……"

学龄前孩子的社会交往有什么特点

对于学龄前孩子来说，社交是一个既充满趣味又充满挑战的过程。这个年龄段的孩子经常让我们哭笑不得：一会儿为了一个玩具争得面红耳赤，一会儿又抱在一起开心地分享小零食。这些行为看起来有点矛盾，但其实背后隐藏着他们对"如何与别人相处"的探索。孩子还带着强烈的"以自我为中心"的特点，但他们的社交能力正在一点点萌芽和发展。我们会发现，学龄前孩子的社交有几个显著的特点：

以自我为中心

学龄前孩子的世界还是围绕"我"来运转的。他们更关注自己的需求，很难站在别人的立场上考虑问题。比如，在沙池里，当成成看到小女孩拿走了自己的铲子时，他的第一反应是"这是我的"，而不是"她也想玩"。哪怕妈妈温和地建议"把铲子借给妹妹玩一会儿"，他也可能只是因为妈妈的引导暂时松手，而不是真的理解"分享"的意义。这种以自我为中心的表现并不是"任性"，而是这个年龄段的孩子都在经历的成长阶段。

分享和合作开始萌芽

虽然孩子表现出强烈的占有欲，但分享和合作的种子其实已经开始萌芽了。在家长的引导下，他们可能会尝试轮流玩玩具，或者和别的小朋友一起建一座沙堡。这种分享和合作通常是短暂的、不稳定的，需要我们不断提醒和鼓励。但每一次成功的分享，都会成为他们迈向成熟的一个小台阶。比如，当成成勉强把铲子借给小女孩后，他可能会观察她的反应，从中逐渐学会"别人玩得开心，我也能感到满足"。

情绪化反应明显

学龄前孩子的情绪调节能力还在发展，当事情不符合他们的预期时，他们很容易出现情绪化反应。成成抢不到推车时的哭喊、嘟囔、不满，正是因为他还不懂得如何平复自己的情绪。这个阶段的孩子表达情绪的方式通常比较直接，但他们的情绪来得快、去得也快。只要我们耐心陪伴，他们会一点点学会更好地管理自己的情绪。

对规则的初步理解

学龄前的孩子刚开始接触社交规则，比如"不能抢""要轮流"，他们能听懂这些话，但更多是表面上记住了，并没有真正明白规则的含义。所以，他们有时候能按规则来做事，有时候又完全忘了。当成成妈妈告诉他"别人不想借，我们就不能强要"时，他可能会听话地松开手，但心里还是不太服气，甚至觉得很委屈。他对这条规则并不真正认同，只是暂时按照妈妈的话去做。

要让孩子真正明白规则的意义，比如"为什么要尊重别人的意愿"，需要经历很多次类似的互动。这个阶段的孩子，正是在一次次的尝试中，慢慢学着从"我想要什么就一定要得到"转变为"别人也有自己的想法，我也要考虑别人的需求"。

学龄前孩子的家长如何做

正念养育的核心不在于纠正孩子，而是接纳他们正在经历的每一步，用合适的方式引导他们慢慢学会与人相处。学龄前的孩子还不太懂得控制自己的情绪，也不完全明白规则的意义，因此，我们需要在日常生活中给予他们耐心和支持。

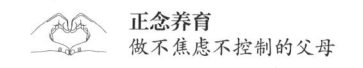

接纳孩子的情绪和行为

孩子在沙池里抢玩具、发脾气，是这个年龄段再正常不过的表现。我们不需要急着批评或者纠正，而要先接纳他们的情绪。比如，当成成抢推车时，妈妈可以蹲下来，温和地对他说："你很想玩这个推车，对不对？但妹妹现在还不想借，我们再等一等。"这样孩子能感受到自己的情绪被看见，而不是直接被否定。

孩子的情绪只有被接纳后，才能慢慢平静下来。如果我们第一时间批评他，很可能会让他更生气，甚至拒绝沟通。

帮助孩子用语言表达情绪

很多时候，学龄前孩子哭闹和抢夺是因为他们还不会用语言表达自己的感受。这时候，我们可以试着教他们说出自己的情绪。比如，当成成嘟囔着"她不借我"时，妈妈可以说："你很想玩，但她没借给你，你心里着急是不是？"

这样的对话可以让孩子意识到，原来自己的感受可以被说出来，而不是只能通过抢或者哭来表达。刚开始的时候，他们可能只会重复我们的话，久而久之，他们会慢慢学会自己表达。

用简单的方式示范换位思考

学龄前的孩子还不太能站在别人的角度思考问题，我们可以用具体的例子帮他们理解。妈妈可以对成成说："推车是妹妹的，她现在还想玩一会儿，你去问问她，她不玩了可以借给我们吗？"

这种解释简单又具体，孩子能听得懂，也能慢慢体会到，别人和自己一样有想法、有需求。虽然他们不一定能立刻理解或者接受，但通过一次次的情境引导，他们会逐渐学会站在别人的立场上看问题。

鼓励孩子自己解决问题

在冲突中，孩子的第一反应通常是用"抢"或"哭"来解决问题，作为家长，我们可以教他们用更好的方式，比如提出请求："你玩好了可以让我玩一会儿吗？"或者"我们能不能轮流玩？"

他们可能会因为请求被拒绝而感到失望。这时，我们可以告诉孩子："虽然她没有借给你，但你能主动想办法，妈妈觉得很棒。我们下次可以再试试。"孩子需要时间去适应和尝试新方法，而我们的支持可以让他们在这个过程中更有信心。

及时肯定孩子的尝试

当孩子尝试分享、轮流玩或者用语言表达想法时，我们可以给他们具体的表扬，让他们知道自己做得很好。比如，当成成把铲子借给小女孩时，妈妈可以说："你愿意把铲子借给妹妹玩，很棒！"

这样的反馈会让孩子觉得自己的行为得到了认可，也会更愿意再次尝试。表扬要具体，比如"你刚才等妹妹玩推车等得很有耐心"，而不是泛泛地说"你真乖"。这样孩子更能明白自己哪一点做得好。

培养学龄前孩子社会交往能力的关键

学龄前孩子在社交中表现出很强的"以自我为中心"的倾向，这是他们的特点，也是这个阶段的成长规律。我们不能指责孩子"不会分享"或者"太任性"，而要通过一次次具体的互动，帮助他们慢慢学会分享、轮流玩和尊重别人的需求。

这个过程中，孩子会出现情绪化反应，比如哭闹或者抢夺玩具，这其实并不是他们"故意不听话"，而是他们还不懂得更好的表达方式。耐心接纳这些情绪，并教他们用语言表达自己的感受，是帮助孩子发展社交能力的第一步。

此外，孩子对社交规则的理解还很浅显，他们也许能记住"不能抢"

或者"要轮流",但并不明白为什么要这样做。这需要我们通过具体的情境,用简单的话去解释规则背后的意义。当孩子表现出分享或者耐心等待的行为时,我们可以及时肯定:"你刚才愿意等妹妹玩推车,很有耐心!"这些正向的引导和鼓励,会让孩子感到被认可,同时逐步内化这些社交规则。

小学阶段的社交培养

凡凡上四年级了,今天回家一进门,他就大声喊着:"妈,我饿了!"随手把书包扔到沙发上。妈妈端着水果走出来,看到他满脸的不乐意,问了一句:"今天学校怎么样?"

"还行吧。"凡凡随口应着,拿起一个苹果啃了一口。刚坐下,他突然冒出一句:"妍妍和悦悦太烦了!"

妈妈放下手里的碗:"怎么了?她们怎么你了?"

"哎呀,没啥,就是做小组作业的时候,她们非说我捣乱,还去跟老师告状。"凡凡撇了撇嘴,语气里透着不满,"她们就是故意找事!"

"你捣乱了吗?"妈妈问。

凡凡吞下一口苹果,大声反驳:"哪有!我就跟冲冲开玩笑说她们写得不好看,结果她们就发火了!还让我去涂颜色,说男生只会干这个!"他说着挥了挥手,满脸的不屑。

"然后呢?"妈妈问。

"然后我和冲冲说她们是'告状精',她们就去告诉老师。老师罚我们俩站着,还让我们给她们道歉!"凡凡一拍大腿,觉得很委屈。

妈妈挑挑眉："你们道歉了吗？"

"说了啊！不道歉就放不了学。"凡凡撇嘴，"可她们更过分，放学还说我们是大笨蛋。我和冲冲反击说她们是大傻子！她们就气得跑开了。"

妈妈听完，说道："凡凡，你们一直这样互相挑刺，小组作业能做好吗？"

凡凡闷闷地说："那我以后不理她们了。"说完，他拿起橡皮玩了起来。

小学生的社会交往有什么特点

小学阶段是孩子从"以自我为中心"向"与他人建立关系"过渡的关键时期。他们的社交圈从家人逐渐扩展到同学、朋友，和别人相处成了日常生活中不可缺少的一部分。这个阶段的孩子既渴望融入集体，又会因为不成熟的社交技能而遇到各种小矛盾。他们的社交充满了欢笑，也伴随冲突和摩擦，下面是小学阶段孩子社交的几个显著特点：

对同伴关系的敏感

小学生开始在意和同龄人的关系，特别是自己是否被同龄人接纳和喜欢。他们会努力融入群体，比如参加游戏、活动或者小组合作，希望通过这些方式获得认可。但他们对同伴的评价也很敏感，稍有不合就可能觉得"别人不喜欢我"或者"他们在针对我"。比如凡凡在小组作业中，觉得女生"告诉老师"是故意针对他，虽然只是同伴间的正常摩擦，但在他眼里被放大成了"关系问题"。

性别分化明显

小学中、高年级的孩子，男生和女生之间常常形成明显的"对立阵营"。男生喜欢热闹的活动，比如踢球、玩闹，而女生更倾向于安静的互动,比如聊天、做手工。这样的差异让他们很难一起玩得融洽,甚至会互相嫌弃。比如男生可能嘲笑女生"爱告状",女生觉得男生"太调皮"。这种性别分化并不是敌对,而是孩子对性别角色认知的一种自然反应。

对公平的高度关注

小学阶段的孩子特别在意"公平",但他们对公平的理解往往还很片面。比如,凡凡觉得自己只是"开了玩笑",女生却去"告诉老师",这让他感到非常不满。他关注的是"为什么我被罚站,而她们没有",却忽略了自己的玩笑可能冒犯别人。孩子对公平的关注,更多是站在自己的角度,很少会主动去考虑别人的感受,这也是他们在学会共情和理解规则前的必经阶段。

合作中的冲突和学习

小组合作是小学阶段的重要社交形式,但孩子们在合作中经常会遇到分工不均、意见不合的问题。他们希望自己的想法被听到,但不太懂得如何有效沟通或者妥协,这导致合作中的矛盾时有发生。比如凡凡觉得女生挑剔他"只会涂颜色",女生则觉得凡凡"没好好完成任务"。这种冲突虽然让人头疼,但正是在这样的过程中,孩子逐渐学会分工、配合和尊重他人的意见。

语言表达更有冲突性

小学生逐渐发现语言的力量,他们开始用语言来表达不满或者维护自己的立场,比如取外号、嘲笑或者"告状"。这种方式在大人看来可能显得幼稚甚至尖锐,但对孩子来说,这是他们试图通过语言解决问题的一种尝试。比如凡凡和女生互相喊"告状精""大笨蛋",这反映了他们语言表达的直接性,也暴露了他们解决冲突时还不够成熟的一面。

小学生的家长如何做

小学阶段的孩子在社交中既渴望融入群体，又常常因为不成熟的表达方式而遭遇困惑和冲突。尤其是在面对性别差异和语言冲突时，他们往往选择用"硬碰硬"的方式回应，而不是尝试有效沟通。作为家长，我们需要帮助孩子理解社交中的问题，并通过适当的引导让他们逐渐找到自己的节奏和方法。

接纳情绪，帮孩子看到问题本质

当孩子在学校遇到矛盾，比如凡凡回家抱怨说女生挑剔他"只会涂颜色"时，他的第一反应是"不理她们"或者用"骂回去"的方式回应。面对这种情绪化的反应，家长需要先接纳他的情绪，而不是急着教他如何做。我们可以说："你觉得她们这样说很不公平，有点生气是不是？"这样的回应能让孩子感到被理解，他的情绪会更容易平复。情绪稳定后，孩子才可能理智思考，为讨论问题的本质提供机会，而不是停留在情绪的宣泄中。

帮助孩子理解对方的动机

小学阶段的孩子还不太会站在别人的角度思考，他们会倾向于把冲突看作对方的"恶意针对"。比如凡凡觉得女生说他"只会涂颜色"，是在恶意贬低自己。家长可以通过提问来引导他思考："你觉得她们这样说，是因为对你不满意，还是因为她们着急，想快点把事情办了？或者单纯是表达方式不好，口不择言？"通过这样的对话，孩子会逐渐明白，很多冲突并不一定是针对个人，而是源于彼此的误解或沟通不畅。这种引导可以帮助孩子减少对抗的情绪，更理性地看待矛盾。

接纳孩子不愿"服软"的心理

小学阶段的孩子，尤其是男孩，在社交中很少愿意"说软话"或者主动示弱。他们更倾向于用沉默、冷战或者言语反击来保护自己的面子。面对这种情况，家长需要理解他们的心理，不要强迫他们去"和好"或者"主动道歉"。相反，可以帮助他们找到一种既能表达自己又不失面子的方式，比如教凡凡说："我觉得你们的设计不错，但我也想试试我的想法，能不能一起商量一下？"

这样的表达既不过于直接，又让孩子感到自己的意见被看重，愿意尝试主动沟通。这种方式符合他们在这个阶段不愿轻易示弱的特点，也让沟通更可能成功。

引导孩子用行动证明自己

在小学阶段，孩子常常对言语沟通感到不屑或者不擅长，比如凡凡在被说"只会涂颜色"后，他可能更愿意通过行动来证明自己。这时候，家长可以趁机告诉孩子："有时候，最好的回应不是争论，而是让别人看到你也可以做得很好。下次你可以主动试试分工中更有挑战性的部分，让她们知道你可以做到。"

通过这样的方式，孩子会意识到行动是赢得尊重的重要途径。即使他们不擅长表达，但通过努力在团队中发挥作用，依然能够获得认可和成就感。

教孩子应对"冲突升级"的局面

小学阶段的孩子，在面对冲突时很容易陷入"以牙还牙"的循环，比如凡凡被说"只会涂颜色"后，他会反击对方是"告状精"。家长需要教孩子在矛盾激化之前找到"暂停键"。引导孩子："当你觉得对方说的话让你不舒服时，可以试着深吸一口气，告诉自己'先别回应'，想清楚下一句话要怎么说才不会让事情变得更糟。"

帮助孩子在冲突中找到冷静的空间，不仅能让他们减少冲动，还能让他们逐渐学会用更成熟的方式化解矛盾。

小学阶段的孩子在社交中往往带着自己的"规则"和"小面子",这既是他们的成长特点,也是他们面对问题的方式。家长需要尊重这种特点,理解他们不愿轻易"服软"的心理,通过引导和支持,让孩子在不失自尊的前提下学会更有效地沟通和表达。在每一次冲突和尝试中,孩子都会慢慢成长,而家长的耐心和理解,是他们最有力的后盾。

培养小学生社会交往能力的关键

小学阶段是孩子学着从"以自己为中心"向"考虑别人感受"过渡的关键时期。他们开始关注同伴的看法,渴望融入集体,但往往因为情绪控制和沟通能力不足,在社交中遇到一些困惑和挑战。家长在这个阶段的任务,不是急着替孩子解决问题,而是耐心地陪伴他们,帮助他们从每一次互动中学到东西。

当孩子在同伴关系中感到委屈或者生气时,我们需要先接纳他们的情绪,让他们感到被理解:"你觉得这样不公平,是不是特别难受?"情绪被接纳后,孩子才能慢慢平静下来,开始思考问题的来龙去脉。同时,我们可以用生活中的例子告诉孩子,公平不仅是自己的感受,还需要理解别人的需求,帮助他们逐渐学会换位思考。

在这个过程中,学会表达自己的需求也非常重要。小学阶段的孩子往往不太愿意"低头",更倾向于用开玩笑或者争吵的方式保护自己。我们可以教他们用简单的语言表达自己的想法,比如"我希望……"或者"我觉得……",这样既能让对方听到自己的需求,也能避免不必要的冲突。

每当孩子尝试用更好的方式处理问题时,我们都要及时给予具体的肯定,比如"你刚才的表达很清楚,我觉得很棒。"这些小小的鼓励,

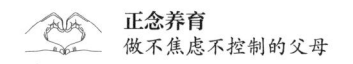

会让孩子更有信心在下次社交中继续尝试。小学阶段的社交培养，是一个不断练习的过程，家长的理解和耐心，是孩子成长中最重要的支持。

中学阶段的社交培养

刚进入高一，小磊就发现这里的一切都和初中不一样。原来熟悉的朋友分散了，新的环境让他既兴奋又有些紧张。班级里总是热热闹闹的，同学们聊着各种话题，有人讨论谁是班里最优秀的人，有人分享自己的课外经历，还有人组队参加学校的社团活动。小磊看着这些场景，想着自己要怎么融入这个新的集体。

为了让更多同学认识自己，他报名参加了年级的篮球比赛。这是他第一次参与这样的活动，既期待又忐忑。比赛中，他努力跟上队友的节奏，但几次传球没接住，投篮也总是差一点。听到场边有人低声笑着说"真菜啊"，小磊假装没听见，低头整理衣服，心里有些不舒服。比赛结束后，一个队友走过来拍了拍他的肩膀，说："别在意，下次一起练练吧！"小磊点点头。

课外，他加入了学校的美术社团，这里的氛围比班级轻松很多。他的风景画得到了老师的表扬，还被贴在学校展板上。他特别开心。同学们问他是怎么画的，还有人邀请他一起练习。社团里大家会聊画画，也会聊学校的趣事，小磊觉得在这里更自在，也逐渐找到了自己的小圈子。

在课堂上，小组合作是另一个让他头疼的难关。一次小组讨论，大家需要策划一场主题演讲，刚开始还很顺利，但很快因为意见分歧争执起来。有人坚持要用幽默的形式，有人觉得需要更正式的风格。小磊有自己的想法，但几次想开口都被其他人的声音盖过了。他只好低头记录大家的意见，有心无力。

放学后，社交平台成了他放松的地方。他上传了一幅风景画，配上一句："今天的随手练习。"没多久，评论区热闹了起来："好有感觉！""喜欢这个配色。"这些留言让小磊觉得很高兴，他没想到自己的画能让别人喜欢，也觉得更有继续画下去的动力了。

中学生的社会交往有哪些特点

进入中学后，孩子的社交发生了许多微妙的变化。他们开始更加关注群体中的自己，希望通过交往找到归属感，也在一点点摸索和学习如何处理复杂的人际关系。对于家长来说，理解这一阶段孩子的社交特点，有助于更好地支持他们走过这个敏感又关键的阶段。

格外在意同伴的看法

中学生在社交中最明显的特点，就是非常在意同学对自己的评价。他们希望通过表现自己，让同伴觉得自己是"有趣""有能力"的人。不管是主动参与活动，还是在班级里"刷存在感"，这些行为都是为了被接纳、找到归属感。如果在群体中感到被忽视或者遭到排斥，孩子们常常会表现出沮丧和不安。比如，小磊报名参加篮球比赛，他虽然不太擅长，但仍然希望通过这次机会让同学们认识自己。然而，比赛中的几次失误让他感到很尴尬，甚至开始怀疑自己的能力。

这种在意他人看法的心理，让孩子们一方面努力表现，另一方面也变得更加敏感。一句无心的玩笑或一次小小的忽视，都可能让他们陷入自我怀疑。

更加关注自己的形象

中学生特别注重自己的外在形象。他们不再满足于整洁干净,而是会花更多心思打扮自己,希望在同伴面前显得更时尚,更有吸引力。他们开始要求家长给自己买同学间流行的鞋子、书包或者文具,觉得"跟上潮流"就能更好地融入群体。有的孩子甚至会为了形象做出让家长哭笑不得的事情,比如冬天坚持不穿绒裤,为了时尚穿单鞋、露脚踝,或者每天早起洗头发,让头发看起来更加"有型"。这种对外在形象的关注背后,往往隐藏着他们对自我认同的探索和不安。

社交圈的扩展与多样化

中学生的社交圈不再局限于班级或学校,他们开始通过社团、兴趣活动甚至网络平台结交新朋友。不同于小学时的单纯玩伴关系,这一阶段的友情更多是基于共同兴趣建立起来的,比如小磊通过美术社团找到了一群聊得来的同学,这些新朋友不仅丰富了他的社交圈,也成为他探索自我的支持力量。

合作中的冲突与成长

中学生的社交更多地涉及合作任务,比如小组活动、班级比赛等。这些场合中,他们会遇到意见分歧或责任分配不均的问题。比如,小磊在小组讨论时,虽然有自己的想法,但几次开口都被打断,最终他只能选择沉默。这种"说不出"的经历并不少见,它反映了中学生在合作中面对的一个共同问题:如何表达自己,同时又能与他人达成一致。

对异性关系的敏感与好奇

进入中学,孩子们开始对异性产生新的兴趣。他们会更加注意自己的形象,也会通过聊天、活动等方式试探性地接触异性。这种对异性的好奇既带着一点羞涩,也带着对关系探索的渴望。

中学生的家长如何做

中学阶段的孩子正经历从依赖到独立的转变，他们渴望更多的空间和自主权，也不再像小时候那样愿意和家长分享所有的事情。这个时期，家长最重要的不是干涉，而是学会在尊重和支持中与孩子建立健康的边界，让他们在探索和试错中成长。同时，正念养育的理念提醒我们，接纳孩子的状态，关注当下的互动，能让亲子关系更为融洽。

尊重孩子的独立空间

中学生对隐私和自主权的渴望很强烈。如果家长总是追问、干涉，甚至翻看孩子的书包或手机，只会让他们觉得被侵犯，从而更加抗拒交流。我们需要的是尊重孩子的独立空间，比如当孩子因为和朋友闹别扭而情绪低落时，不要急着问"你们为什么吵架？"，而是试着说："你今天好像不太高兴，需要我帮忙吗？"这样的表达既不过多介入，又能让孩子感到安全。

我们可以将注意力放在孩子的当下状态上，接纳他们的感受，而不是试图改变。很多时候，孩子需要的只是父母的陪伴，而不是解决方案。尊重孩子的情绪和节奏，是家长能为他们提供的最好的支持。

用自然的方式了解孩子的交友

中学生最反感的是家长用"审问"的方式了解他们的朋友，因此，用轻松的态度切入是更好的选择。比如，孩子带朋友回家时，不需要表现出特别的关注，可以自然地问一句："你们玩得怎么样？要不要一起吃点东西？"这样的态度既表达了欢迎，也能让孩子觉得自己的选择被尊重。如果孩子和朋友外出，不妨试着问："什么时候回来？需要我来接你吗？"这样的关心不会让孩子感到被限制，反而会增加他们的信任感。

正念养育强调"觉察而非评价"。家长可以通过日常的观察了解孩子的交友动态,而不是草率下结论或过多干预。保持开放的心态和包容的态度,能让孩子更愿意主动分享自己的生活。

避免单纯凭印象判断

家长对孩子朋友的看法,不能只停留在表面。可能孩子的朋友穿着打扮不符合家长的期待,或者性格显得有些张扬,但这些都不足以判断这段友情的好坏。更重要的是观察实际行为,比如孩子和朋友相处后是否能够按时完成作业,是否会准时回家,是否因为朋友的影响出现明显的负面行为。通过具体行为来了解,而不是凭印象草率下结论,能够避免许多不必要的冲突。

接纳情绪,不急于"解决问题"

中学生的情绪波动大,经常因为同学的一句话或者一个小冲突感到不快。家长如果急着替孩子"评理"或"解决问题",反而会让他们觉得不被理解。比如,孩子抱怨"同学总是针对我"时,不要急着问"他为什么针对你""你是不是哪里做得不好"。相反,可以先接纳孩子的情绪:"这确实挺让人不舒服的。"通过这样的回应,孩子会觉得自己的感受被看见,情绪也更容易平复。

正念养育中,家长需要学会暂停,关注自己的情绪反应,同时接纳孩子的感受,而不是急着给予解决方案。等到孩子平静后,可以鼓励他们从不同角度思考问题,帮助他们慢慢找到自己的方法。

平常心对待孩子的异性交往

中学生对异性产生兴趣,这对很多家长来说是一件头疼的事。家长往往本能地觉得,这是一件需要"管住"的事情,试图通过干涉、劝阻甚至强硬的态度来改变孩子的情感。但事实是,青春期的情感并不是靠外力可以"管住"的。过多的干预,非但不能阻止孩子的情感发展,反而可能激起他们的叛逆心理,让他们选择隐瞒或抗拒沟通。

这个阶段，最重要的不是阻止，而是"别添乱"。孩子的情感更多是他们成长中的一种体验，与其花精力去"纠正"，不如用平和的心态观察他们在这段情感中的表现。情感常常会激发孩子向上的动力，比如更注重形象、更努力学习，或者更关心自己的未来。家长要做的是顺势引导，让这份情感成为孩子自我成长的助力，而不是阻力。理解和包容，比管控更有力量。

守住底线但不过度干预

虽然中学生渴望自由，但家长也不能完全放手不管，尤其在一些原则性问题上，家长需要清晰地表达自己的底线。比如晚上玩手机的时间，或者和朋友外出的安排。这些规则的存在并不是为了限制孩子，而是出于对他们的保护。我们可以直接告诉孩子一些底线，例如"晚上十点前一定要到家"，既不模棱两可，也不过分干涉，让孩子清楚哪些规则是不能突破的。

在坚持原则的同时，我们也需要给予孩子适当的空间。比如，可以允许他们自己决定周末的活动时间，或者偶尔调整对某些规则的要求。在规则和自由之间找到平衡，关注当下的关系质量，不仅能让孩子感受到被尊重，也能帮助他们逐渐学会在边界内自由地探索。

培养中学生社会交往能力的关键

中学阶段是孩子从依赖走向独立的重要时期，他们的社交逐渐变得复杂多样。家长需要理解，这个阶段的孩子渴望被信任和尊重，他们希望能够自己探索社交规则，而不是被过度干涉。给予他们一定的空间，让他们通过自己的尝试学会如何与人相处，是家长能为孩子社交成长提供的最大支持。比如，当孩子因为和朋友的冲突感到困惑时，家长可以多观察，少评价，让孩子自己找到解决问题的方法。

同时，家长也不能完全放手不管。一些底线和规则，比如合理的社交时间安排、外出安全的基本要求，是必要的保护措施。明确的规则能够给孩子划定清晰的边界，让他们在安全的框架内探索。规则不需要复杂，但需要稳定，比如晚上归家的时间、手机使用的限制，这些都会帮助孩子在自由中找到平衡。

此外，家长需要关注孩子的情绪变化，尤其是在他们面对人际挫折时。中学阶段的孩子情绪波动较大，有时会因为同伴的评价或关系的变化感到沮丧。家长不必急于解决这些问题，而是要接纳他们的感受，陪伴他们度过这些起伏。通过平和的态度和正念的方式，家长能够帮助孩子更好地调节自己的情绪，同时学会从容应对社交中的挑战。

第七章

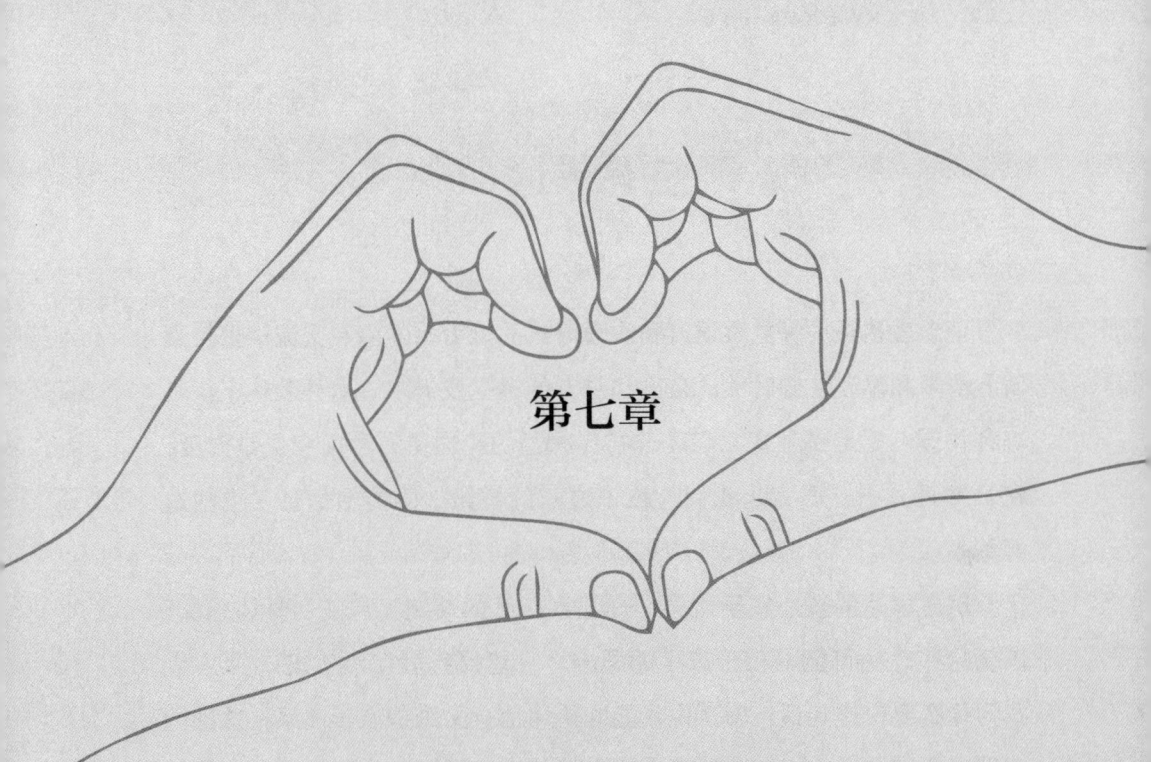

正念的日常力量

在忙碌的日子里，正念是我们与自己相处的一种方式。它帮助我们表达内心的情感，而不是压抑；学会感恩生活中的点滴美好；在失误和疲惫中，用温柔的目光看待自己。

这一章，我们将从正念的表达、感恩和自我同情出发，探索如何在日常中找到内心的力量。每一次停下脚步，每一个深呼吸，都是对自己的支持。愿这些小小的练习，成为你生活中的温暖时刻。

正念表达

正念表达是一种觉察语言和沟通方式的能力，强调在交流中保持真诚、清晰和温暖，同时关注自己和对方的感受及需求。这种表达不仅是一种技巧，更是一种育儿态度，它让我们的沟通更有意义和更具温度。在日常育儿中，语言是我们与孩子之间的桥梁，既传递信息，也塑造着关系。

正念表达的核心在于觉察——觉察自己的情绪、想法和身体感受，以及这些表达可能对孩子产生的影响。它建议我们在语言出口前反思：我为什么要说这句话？怎么说才能既传递信息又维护亲子关系？这种觉察帮助我们在语言内容与情感表达之间找到平衡，避免因为冲动或情绪化而让语言变成伤害的工具。

正念表达的力量

语言不仅是交流的工具，更是影响情感和关系的重要力量。父母的语言不仅塑造孩子对自我的认知，也影响孩子如何理解周围的世界。无论是鼓励还是批评，语言都在不知不觉中为孩子树立了信念和标准。

当父母情绪激动时，语言容易变成一种情绪的宣泄，而非建设性的沟通。这时，正念表达的价值就在于，它提醒我们停下来，觉察情绪并调整语言，让沟通变得更有益。通过这样的表达，孩子不仅能更清楚地理解父母的意图，还能感受到父母的尊重和爱。

此外，正念表达还能帮助建立深层的亲子联结。当我们用心倾听孩子，真诚回应他们的感受和需求时，孩子会感到被看见和被理解。这种情感连接让孩子更加信任父母，也更愿意与父母分享内心世界。

如何实践正念表达

正念表达的实践并不复杂，但需要耐心和练习。它从觉察开始，贯穿于表达的全过程。在实际生活中，以下几个方面可以帮助我们更好地实践正念表达。

（1）在表达之前，给自己一个短暂的"停顿"。这种停顿可能只有几秒，但它足以让我们觉察自己的情绪和内心状态。在忙碌的育儿生活中，情绪是不可避免的，但通过停顿，我们可以更清楚地意识到自己此刻的状态——是生气、焦虑，还是疲惫？这种觉察是有意识调整表达方式的重要一步。

（2）用具体的语言代替泛化的批评。当我们对孩子提出意见时，避免使用"总是""从来""你怎么老是这样"这样的泛化语言，而是具体描述行为和我们的感受。例如，与其说"你怎么总是把洗手间搞得一团糟！"不如说"刚才你在洗手间的地板上泼了很多水，容易滑倒，快收拾干净吧！"具体的描述能让孩子更清楚地理解我们的感受和期望，而不是感到被批评或否定。

（3）倾听并回应孩子的感受。很多时候，孩子并不需要我们马上给出解决方案，而是希望被倾听和理解。当我们专注地听孩子说话，给予他们足够的表达空间时，他们会感受到被尊重和接纳。在聆听时，我们可以用简单的回应来确认自己的理解，例如："今天的作业特别多，你觉得压力挺大的，是吗？"让孩子感受到我们在用心倾听，也能避免因误解而导致进一步的冲突。

（4）在语言中融入善意是正念表达的关键。善意并不只是温柔的语气，而是一种对孩子和关系的深刻尊重。它强调对事不对人，用平和、坚定的方式表达原则和底线，而不是让孩子感受到被否定或攻击。坚持原则并不会伤害孩子，反而是帮助他们理解规则和界限的必要过程。但有时，孩子会对我们的要求表现出强烈的抗拒，这往往是因为我们无意中针对了他这个人，而不是具体的行为。

善意表达的本质，是在设定界限时，保护孩子的自尊心。它告诉孩子，他们可以犯错，但他们需要承担后果；他们可以有情绪，但他们的价值永远不会因为一时的失误而被否定。这种对事不对人的态度，不仅让沟通更加平和，也为孩子建立安全感和自我价值感打下了基础。

正念表达是一种温暖而有力的沟通方式，它让我们的语言成为连接和理解的桥梁，而不是误解和冲突的根源。在实践正念表达的过程中，我们会发现，语言不仅能改变我们与孩子的关系，也能改变我们对育儿的态度。它教会我们用心去感受，用语言去关怀，用善意去建立一个更温暖、更亲密的家庭环境。

正念感恩

正念感恩是一种有意识地感知和欣赏生活中美好事物的能力，它不仅是一种情感体验，更是一种内在觉察与成长的方式。在育儿的日常中，正念感恩帮助我们从习以为常中抽离，让平凡的时光变得有意义、有温度。

回归童心的感恩视角

我们常常无法感到幸福,因为我们对已拥有的一切习以为常,把生活中的美好看作理所当然。孩子则不同,他们总是用一种充满好奇、开放的心态去看待世界。对于孩子来说,一片落叶、一只瓢虫、一场雨,都是新鲜的、值得探索的。这种正念的状态让他们活在当下,充分体验每一刻的喜悦。

然而,随着社会化程度的加深,我们逐渐失去这种童心。我们的生活变得忙碌而机械,感受力被压力和焦虑压缩,对孩子的成长、家庭的日常甚至自己的努力,都失去了感恩的觉知。正念感恩的修炼,正是帮助我们回归童心,以更有意识的方式找回那种对当下的敏锐感受力。

这种回归并不是简单地模仿孩子的状态,而是一种有意识的觉察,是对内在本性的主动修炼。它提示我们在忙碌中停下来,重新看见平凡生活中那些被忽视的美好。这种回归让我们在为孩子的成长付出的同时,也重新发现自己的价值,找到与孩子共同成长的乐趣。

从平凡中发现幸福

在育儿中,正念感恩能帮助我们从细微的事物中找到幸福感。例如,当孩子兴奋地向我们展示一幅画作时,我们可以选择暂时放下手中的工作,专注于感受他们的创意和热情;当孩子在玩耍中不小心弄翻了水杯时,我们可以看到他们专注探索的过程,而不是立刻责备。感恩并不意味着忽略问题,而是帮助我们用更平和的心态看待这些日常的小事,学会在不完美中感受美好。

孩子是天然的正念导师,他们用一种简单而纯粹的方式提醒我们如

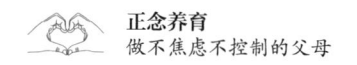

何活在当下。当我们陪伴孩子一起玩耍、散步或阅读时,我们也被邀请进入他们的世界,去感受那份无条件的喜悦。学会感恩,就是学会向孩子学习,用童心去发现生活的惊喜和温暖。

有意识地欣赏当下

正念感恩不仅是一种感知的状态,也需要通过实际的练习来培养。在育儿生活中,我们可以尝试以下方式:

暂停片刻,重新审视日常

当我们感到疲惫或挫败时,不妨停下来,问问自己:"此刻,我可以为孩子或自己感恩什么?"这种简单的提问帮助我们从问题中抽离,重新聚焦于生活的美好。例如,当孩子完成了一件小事,我们可以为他们的努力感到欣慰;当自己坚持完成了一项任务,我们也可以为自己的付出感到自豪。

记录感恩瞬间

我们可以为自己和孩子准备一本感恩日记,每天记录一到两件让我们感到欣慰的事情。这些事情不需要宏大,可以是孩子主动分享了一块糖果,或者自己在压力中找到了片刻的平静。通过记录,我们能逐渐培养对生活中美好事物的敏锐感知。

在冲突中练习感恩

即使是在亲子冲突中,感恩也能发挥它的力量。当孩子因为情绪激动而与我们争执时,我们可以试着找到值得感恩的地方,比如他们有勇气表达自己,或者他们的反抗背后隐藏着对我们的信任。感恩帮助我们以更开放的心态看待问题,从而找到更具建设性的解决方法。

正念感恩是一种有意识的修炼,它帮助我们从"理所当然"中抽离,重新看见生活的美好。在育儿的旅程中，感恩不仅是对孩子的接纳，也是对自己的接纳。它让我们在繁忙的日常中找到停顿的力量，在平凡的时刻中看见深刻的意义。通过感恩的眼光，我们不仅能与孩子建立更深的连接，也能重新发现生活的美好，为家庭注入更多的爱与温暖。

自我同情

我们常常对孩子充满耐心，却对自己冷酷苛责，认为犯错就意味着失败。然而，人类天然渴望被理解。理解与接纳是一种深层次的安慰，它不仅让我们相信自己依然值得被爱，更让我们感受到继续前行的力量。这种渴望是深藏于我们内心的人类核心情感需求之一。

自我同情并不是一种软弱的表现，而是对这种深刻需求的回应。当我们得不到外界的认同和支持时，会感到孤独、挫败，甚至怀疑自己的价值。而学会自我同情，就像在内心建立了一套支持系统，让我们能够在失望和困境中找到力量。这种力量不仅是情感上的慰藉，更是推动我们前行的坚实基础。

通过自我同情，我们将目光转向内心，与自己的情感对话，接纳不足并承认努力。这种内在的支持系统，比外界的认同更加稳定，能帮助我们摆脱对外界评价的依赖。当我们学会接纳自己，就会发现，即使得不到外界的理解，也能从内心获得满足，因为这种满足源于对自己的深刻接纳和关爱。

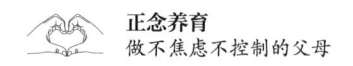

自我同情助力父母养育

自我同情不仅是对我们内心需求的回应，更是育儿中的一项宝贵能力。作为父母，我们的情绪状态对家庭氛围和孩子的成长有着重要影响。如果我们能够用同情和接纳的态度对待自己，就能更智慧地处理育儿中的压力和挑战，也能为孩子树立良好的情绪管理榜样。在育儿场景中，自我同情的作用体现在以下几个方面：

接纳情绪，减少内耗

育儿过程中的疲惫和情绪失控是正常的。通过自我同情，父母可以接纳这些情绪，而不是一味地责备自己。接纳让我们停止内耗，将精力集中在解决问题和调整状态上，从而更快恢复平衡。

减少情绪投射，改善亲子互动

在高压力下，父母往往会不自觉地将焦虑或疲惫投射到孩子身上，表现为对孩子的行为更加苛责或挑剔。自我同情让父母意识到自己的情绪来源，通过理解和安慰自己，避免情绪外泄，从而用更平和的态度回应孩子，保护亲密的关系。

培养孩子的情绪健康榜样

父母是孩子的镜子。当父母用温柔的方式接纳自己的错误和情绪时，孩子也会潜移默化地学会以健康的态度面对自己的不足。这种影响能帮助孩子形成健康的心理模式，更从容地应对成长中的挑战。

自我同情的日常练习

接纳真实的自己

当我们发现自己没控制好情绪，或者事情没按预期发展时，不妨停下来，对自己说："这次确实没处理好，但人哪能总是完美？我已经尽力了，这也很正常。没关系，下次注意就是了。"这不是在回避问题，而是给自己一个喘息的机会，让我们用更温柔的方式面对不足。承认问题并不代表失败，而是给成长打开了一扇门。

"水流释放"练习

在情绪积压的时候，去洗把脸或把手泡在温水里，感受水流滑过皮肤的温暖。闭上眼睛，轻轻在心里对自己说："今天确实有点累，就让这些情绪随着水流走吧。"这个动作像一种简单的仪式，让你从情绪里抽身，感觉轻松些。

记录成长：换个角度看问题

在情绪稍微缓和后，拿出一张纸，写下让我们懊恼的地方，然后问自己："这件事告诉了我什么？"比如："今天太着急了，是因为最近休息不够。下次是不是要早点停下来，让自己喘口气？"记录的过程会让我们看到问题背后藏着调整的机会，而不是只盯着失误不放。我们正在一点点变得更好，这就足够了。

五感练习：用感官带回当下

当我们被情绪拉扯得越来越紧时，停下来，用五感连接此刻：

看：望一望窗外的树，或者桌上的杯子，留意它的颜色和形状。

听：静静听一段声音，比如风声、雨声，或者屋里的轻微响动。

触：轻轻摸一摸手边的物品，比如桌面的纹理，或者杯子的温度。

对自己说："情绪会过去，我会找到办法。"通过五感的连接，我们能够从混乱中抽身，回到更平静的状态。

结 语

在正念中找到爱与平静

养育孩子从来都不是一件容易的事。它像是在一条漫长的河流上航行，有平缓的河段，也有激流险滩。在这条河流上，我们不仅是孩子的引路人，也是在旅途中不断学习和调整的自己。正念的力量在于，它教会我们在纷繁忙碌中停下来，向内看，接纳自己的不足，拥抱不完美，同时发现隐藏在平凡生活中的那些美好与感动。

通过本书，我们一起探索了正念如何融入育儿，如何缓解压力、修复关系、重塑自我。我们学会了在与孩子相处时，停下脚步去倾听、去观察、去感受；在面对挑战时，用温柔和觉知对待自己；在每一天的点滴中，让正念成为生活的一部分。正念并不复杂，它不是遥不可及的目标，而是一种生活态度，是在每一个当下选择用心的方式。

正念不是一个结果，而是一种持续的练习。即使我们偶尔在忙碌中失去觉知，也不必自责。每一次呼吸，都是归零的机会；每一个当下，都是重新开始的可能。记住，正念是一盏灯，它不仅照亮我们前行的路，更温暖我们的内心。

在这里，我想真诚地与你分享几点心得，以此来作为这本书的总结。

先爱自己，再爱孩子：我们不能给孩子提供我们自己都没有的平静与力量。所以，先学会关爱自己，像照顾孩子一样用心对待自己的需求。

允许不完美，接纳真实的育儿状态：育儿中总会有失误和遗憾，但不必因此否定自己。成长从来都不是完美的，我们选择在不完美中找寻意义。

停下来，拥抱当下：每天抽出片刻，放下手头的忙碌，去用心感受孩子的一举一动，或者简单地觉察自己的呼吸。真正的陪伴与关爱，源于专注的当下。

养育的同时，学会放手：孩子是独立的生命，我们能做的，是用心陪伴他们成长，同时尊重他们的选择和节奏。正念养育是种引导，而非控制。

愿这本书中的每一部分、每一个练习，能成为你育儿生活中的一点灵感和支持。愿你带着这份觉知，温柔地对待自己，充满爱意地拥抱孩子，在不完美的生活中感受到平静与力量。

参考文献

[1] 陈国典，杨通平. 正念对亲密关系的影响 [J]. 心理科学进展，2020，28（9）：13.

[2] 陈晓，周晖，王雨吟. 正念父母心：正念教养理论、机制及干预 [J]. 心理科学进展，2017，25（6）：989–1002.

[3] 汪芬，黄宇霞. 正念的心理和脑机制 [J]. 心理科学进展，2011，19（11）：1635–1644.

[4] Baer R A. Mindfulness Training as a Clinical Intervention: A Conceptual and Empirical Review[J]. Clinical Psychology: Science and Practice, 2003, 10(2): 125-143.

[5] Bögels S, Restifo K. Mindful parenting: A guide for mental health practitioners[J]. W. W. Norton & Company, 2014.

[6] Cahn B R, Polich J. Meditation (Vipassana) and the P3a event-related brain potential[J]. International Journal of Psychophysiology, 2009, 72: 51-60.

[7] Carmody J, Baer R A. Relationships between mindfulness practice and levels of mindfulness, medical and psychological symptoms and well-being in a mindfulness-based stress reduction program[J]. Journal of Behavioral Medicine, 2008, 31: 23-33.

[8] Carson J W, Carson K M, Gil K M, et al. Mindfulness-based relationship enhancement (MBRE) in couples[C]//Baer R A. Mindfulness-based treatment approaches: Clinician's guide to evidence base and applications. London: Academic Press, 2006: 309-331.

[9] Coelho H F, Canter P H, Ernst E. Mindfulness-based cognitive therapy: evaluating current evidence and informing future research[J]. Psychology of Consciousness: Theory, Research, and Practice, 2013, 1(S): 97-107.

[10] Duncan L G, Coatsworth J D, Greenberg M T. A model of mindful parenting: implications for parent–child relationships and prevention research[J]. Clinical Child & Family Psychology Review, 2009, 12(3): 255-270.

[11] Erisman S M, Roemer L. A preliminary investigation of the effects of experimentally induced mindfulness on emotional responding to film clips[J]. Emotion, 2010, 10: 72.

[12] Goldin P R, Gross J J. Effects of mindfulness-based stress reduction (MBSR) on emotion regulation in social anxiety disorder[J]. Emotion, 2010, 10: 83-91.

[13] Grant J A, Courtemanche J, Rainville P. A non-elaborative mental stance and decoupling of executive and pain-related cortices predicts low pain sensitivity in Zen meditators[J]. Pain, 2011, 152: 150-156.

[14] Heeren A, Van Broeck N, Philippot P. The effects of mindfulness on executive processes and autobiographical memory specificity[J]. Behaviour Research and Therapy, 2009, 47: 403-409.

[15] Hölzel B K, Carmody J, Vangel M, et al. Mindfulness practice leads to increases in regional brain gray matter density[J]. Psychiatry Research:

Neuroimaging, 2011, 191: 36-43.

[16] Jha A P, Krompinger J, Baime M J. Mindfulness training modifies subsystems of attention[J]. Cognitive, Affective, & Behavioral Neuroscience, 2007, 7: 109-119.

[17] Karremans J C, Schellekens M P J, Kappen G. Bridging the sciences of mindfulness and romantic relationships[J]. Personality and Social Psychology Review, 2017, 21(1): 29-49.

[18] Lazar S W, Bush G, Gollub R L, et al. Functional brain mapping of the relaxation response and meditation[J]. Neuroreport, 2000, 11: 1581-1585.

[19] Lutz A, Slagter H A, Dunne J D, et al. Cognitive-emotional interactions - Attention regulation and monitoring in meditation[J]. Trends in Cognitive Sciences, 2008, 12: 163-169.

[20] Slagter H A, Lutz A, Greischar L L, et al. Mental training affects distribution of limited brain resources[J]. PLoS Biology, 2007, 5: 1228-1235.

[21] Susan M. Bögels, Hellemans J, Deursen S V, et al. Mindful parenting in mental health care: effects on parental and child psychopathology, parental stress, parenting, coparenting, and marital functioning[J]. Mindfulness, 2014, 5(5): 536-551.

[22] Tang Y Y, Ma Y H, Wang J H, et al. Short-term meditation training improves attention and self-regulation[J]. Proceedings of the National Academy of Sciences of the United States of America, 2007, 104: 17152-17156.

[23] Tang Y Y, Posner M I. Attention training and attention state training[J]. Trends in Cognitive Sciences, 2009, 13: 222-227.

[24] Watkins E, Teasdale J D, Williams R M. Decentring and distraction reduce over general autobiographical memory in depression[J]. Psychological Medicine, 2000, 30: 911-920.

[25] Zeidan F, Gordon N S, Merchant J, et al. The effects of brief mindfulness meditation training on experimentally induced pain[J]. Journal of Pain, 2010, 11: 199-209.